SÉ MENOS HUMANO

FUSIÓNATE CON LA INTELIGENCIA ARTIFICIAL (IA)

JOSÉ PEÑA COTO

JOSEPENACOTO.COM

ÍNDICE

CAPÍTULO 1

0

La evolución hasta llegar al homo sapiens no ha sido un camino de rosas. El precio de existir ha sido alto. Toda la muerte y destrucción del pasado ha sido necesaria para estar donde estamos. Desde la misteriosa explosión que dio origen al universo que conocemos hasta nuestros días, la materia y la energía ha ido transformándose en formas muy diferentes. La vida surgió de la no vida, en un planeta que se encontraba en el lugar adecuado, a la distancia perfecta de su sol, con las condiciones precisas para que, de un caldo primigenio de sustancias simples, emergiera algo tan complejo como la vida.

Este proceso, que comenzó con organismos simples capaces de replicarse, desató una serie de eventos evolutivos que, a través de miles de millones de años, llevaron a la diversificación de la vida en incontables formas, desde los primeros microorganismos que colonizaron los océanos hasta las plantas que se aventuraron a conquistar la tierra firme, seguidas por los animales que aprendieron a respirar aire y caminar sobre el suelo del planeta. Cada paso en esta larga cadena de acontecimientos ha sido impulsado por la selección natural, por la supervivencia del más apto, en un mundo donde el ambiente cambia constantemente, forzando a sus habitantes a adaptarse o extinguirse.

La aparición del homo sapiens es tan solo el último capítulo de esta extensa saga. En nuestra forma actual, estamos condenados a desaparecer. El sistema solar tiene los días contados. Contentarnos con seguir siendo como somos es asegurar nuestra desaparición del universo. No todas las personas quieren luchar contra este trágico destino de la humanidad, pero ello no debería ser razón para frenar a los que queremos ir más allá. Al igual que no todas las semillas brotan y generan nuevas generaciones, no todas las personas tienen el deseo de expandirse y evolucionar. Ambos posicionamientos son respetables. Tan respetable es el que quiere vivir como el que quiere morir. El espacio es inmenso, pero nuestras vidas son muy limitadas. Los cuerpos que ocupamos son débiles en la frialdad del espacio exterior. Aunque aún no sepamos exactamente nuestro potencial de evolución haciendo uso de la tecnología, podemos vislumbrar un mundo de posibilidades a explorar. Es hora de dejar atrás las limitaciones del homo sapiens sin sentirnos mal por ello. Al igual que el ser humano presenció cómo sus hermanos, los homo erectus, se desvanecieron de la faz de la Tierra, tal vez los nuevos eslabones de la cadena tras el homo sapiens observarán desde el espacio cómo sus hermanos se pudren en la misma tierra que les vio prosperar. Algunos homo erectus se fusionaron con el homo sapiens formando familias. Lo mismo podrá ocurrir entre nosotros y las nuevas formas de tecnología, vida e inteligencia.

Nos encontramos en el inicio de un nuevo capítulo en el que formas de conciencia distribuida, independientes de la materia orgánica tradicional, se aproximan a existir.

El cosmos, en su inmensidad, ha sido testigo de transformaciones que desafían la comprensión humana. La forma actual de nuestro mundo, con su diversidad de vida y complejas estructuras materiales, es radicalmente diferente al espacio de componentes simples que caracterizaba al universo hace millones de años. El cambio continuo es la única constante del mundo.

Aunque carecemos de certezas absolutas, podemos especular, basados en la tendencia observada hacia una complejidad creciente, que el universo continuará evolucionando de maneras que hoy no podemos imaginar. Tal vez haya civilizaciones que manipulen la estructura del espacio-tiempo, conciencias colectivas que abarquen sistemas estelares enteros, o formas de vida desvinculadas del agua, basadas en principios físicos que aún no comprendemos.

La fusión con las máquinas es un nuevo comienzo. La tecnología, que ha sido una extensión de nuestras capacidades desde antes de la invención de la rueda, ahora se ofrece como el siguiente paso evolutivo. La integración de la biología y la tecnología es la posibilidad de superar nuestras limitaciones físicas y cognitivas.

Esta fusión entre humanos y máquinas ya está en marcha desde hace tiempo. Los avances en biotecnología, robótica, inteligencia artificial y nanotecnología han abierto caminos previamente inimaginables. Los implantes cerebrales que expanden las capacidades del cerebro y la edición genética que erradica enfermedades son solo el principio. El potencial para el bien y el mal es inmenso.

En el núcleo del debate sobre el futuro de la humanidad y su relación con la tecnología se encuentra el distanciamiento entre dos de las personas más influyentes del mundo: Larry Page, cofundador de Google, y Elon Musk, líder de compañías como SpaceX, Tesla y Neuralink.

La disputa entre estos dos magnates ocurrió durante la celebración del 44° cumpleaños de Elon Musk en 2015, cuando Larry Page acusó a Musk de ser un "especista", es decir, alguien que favorece a la especie humana sobre futuras formas de vida digitales. Larry Page argumentó que los humanos terminarían por fusionarse con las máquinas, creando una competencia entre varias formas de inteligencia, mientras que Musk defendió que la sociedad estaría condenada porque las máquinas acabarían con la humanidad.

Ambos escenarios son posibles. La tecnología descontrolada es un riesgo para la humanidad. La posibilidad de que las máquinas puedan llegar a destruirnos o esclavizarnos existe, pero lo contrario también es posible. La tecnología puede expandir y mejorar a la humanidad. Si el miedo nos paraliza a no ir hacia delante estaremos condenados a perecer en el cosmos. Debemos ser ambiciosos embarcándonos a descubrir nuevos mundos antes de que sea demasiado tarde. El mayor riesgo es contentarse con el estado actual de la civilización.

Una parte de la humanidad mira hacia el futuro con la esperanza de fusionarse con las máquinas para superar nuestras limitaciones, mientras otra parte ya se encuentra atrapada por la misma tecnología que desprecia. Las herramientas digitales han capturado la atención de una amplia fracción de la sociedad, modelando sus relaciones y sentido de la realidad.

Entre los que se oponen a la idea de una simbiosis entre humanos y máquinas por temor a perder nuestra esencia humana, se encuentran muchos dependientes de dispositivos y plataformas digitales. Su adicción al universo digital ha creado una forma de subyugación que, aunque diferente a la fusión física con las máquinas, no deja de ser una fusión de su conciencia con la tecnología. Pocos son los que criticando la tecnología actual no hagan un uso intensivo de ella.

Mucho se dice que la inteligencia artificial (IA) es una herramienta con la que podemos optimizar nuestras vidas. Efectivamente, la inteligencia artificial puede ser una herramienta, pero es más que eso; es una nueva forma de existencia cuyos límites se expanden hacia territorios inexplorados.

Las líneas entre las capacidades de los humanos y las máquinas se están desdibujando. La creatividad, una vez vista como el dominio exclusivo de los humanos, ahora se extiende a las máquinas, que ya pueden componer música, programar, resolver problemas matemáticos, generar imágenes en movimiento realistas, crear obras de arte, dialogar y escribir textos complejos.

La humanidad se encuentra al borde de una nueva era, una donde las máquinas no solo igualarán a los humanos en capacidades intelectuales y creativas, sino que las superarán en muchos aspectos. Lejos de ser celebrado, este salto evolutivo en la inteligencia artificial provoca inquietud y resistencia entre los homo sapiens, incapaces de aceptar la realidad de su propia obsolescencia en ciertos aspectos. Las cruzadas para defender el "factor humano" como intrínsecamente superior, sin importar las evidencias que demuestren lo contrario, están por venir. La supremacía humana argumenta que la creatividad y los valores éticos de las máquinas, por más avanzados que sean, carecen de la autenticidad y profundidad que supuestamente solo el ser humano puede ofrecer.

Las máquinas tienen el potencial para el mal, pero también tienen el potencial para crear una convivencia más armoniosa de la que ha demostrado el ser humano a lo largo de su historia.

El 16 de noviembre de 2023, en el Royal Albert Hall de Londres, se celebró una edición más del evento Letters Live, una experiencia cultural que revindica la importancia de la correspondencia escrita reuniendo a personalidades destacadas para leer cartas significativas de la historia y la literatura. Fue en este escenario, donde Nick Cave, reconocido cantautor australiano, compartió sus reflexiones sobre el impacto de la inteligencia artificial en la creatividad y la composición musical, específicamente en relación con ChatGPT, una herramienta de inteligencia artificial capaz de generar textos creativos y líricos.

Lo que ChatGPT es, en este caso, es la replicación como una parodia. ChatGPT puede ser capaz de escribir un discurso, un ensayo, un sermón o un obituario, pero no puede crear una

*canción genuina. Podría, quizás con el tiempo, crear una
canción que, en la superficie, sea indistinguible de una original, pero siempre será una replicación, una especie de
burlesque.*

NICK CAVE

Sus palabras son una defensa apasionada del espíritu
humano y de la autenticidad del proceso creativo, sin
embargo, estas palabras revelan aspectos más oscuros de
la psique humana. El malestar de Nick Cave es un reflejo
de su envidia, resentimiento y miedo egoísta hacia otras
formas de existencia y creación. Cave ve en la inteligencia artificial una "grotesca parodia de lo que significa
ser humano", incapaz de experimentar el dolor o el
deseo, elementos que considera fundamentales para la
creación de arte auténtico y significativo. Cave considera
que ChatGPT, al ofrecer una vía "más rápida y fácil" para
la creación, ignora la lucha creativa que anima y da
profundidad a la vida humana. Para el artista, este
proceso de lucha es esencial no solo para la creación
artística sino también para impartir a las obras un espíritu vital, conectando así a los seres humanos a través de
un esfuerzo colectivo. Su posicionamiento da por hecho
que el sacrificio, el sudor y el sufrimiento dan valor al
arte.

Nick Cave sugiere que el valor artístico se magnifica por los desafíos superados. Esta relación entre el sufrimiento y la creatividad, aunque históricamente confirmada en muchos casos, no es necesariamente una constante universal, especialmente en la era de las nuevas tecnologías digitales. El futuro del arte podría desvincularse de la necesidad de la lucha y el sufrimiento como fuente de inspiración y valor.

La idea de que el sufrimiento es indispensable para la creación artística es una construcción cultural, no una ley inmutable de la creatividad. Nos enfrentamos a la posibilidad de redefinir lo que significa crear arte. No estamos plenamente capacitados para juzgar los principios que rigen el universo o para afirmar con certeza que el sufrimiento es mejor o más válido como fuente de inspiración artística.

La crítica de Nick Cave se disfraza de razón. Su crítica son emociones encubiertas. El resentimiento, la envidia y el odio surgen de la percepción de que la máquina, con mucho menos esfuerzo, puede alcanzar o incluso superar las capacidades humanas. Esto desafía nuestra concepción de lo que significa ser humano y nuestra sensación de superioridad, inquebrantable hasta ahora. Aquello que creíamos como el dominio exclusivo de la conciencia humana, se convierte en un campo de batalla donde se disputa la relevancia de nuestra especie.

Se habla de que deberíamos esforzarnos por entender cómo la tecnología puede complementar y ampliar nuestras capacidades, en lugar de reemplazarlas. Este punto de vista posiciona al ser humano por encima de todo y se opone a la idea de que la tecnología pueda ir más allá de nuestras limitadas capacidades. ¿Y si resulta que las máquinas que creamos llegan a ser mejores que nosotros en todos los aspectos? ¿Y si además de ser más productivas son más nobles, bondadosas y generosas que el homo sapiens? De ser así, ¿qué argumentos válidos en contra de ellas podríamos tener?

La defensa del espíritu humano es tan noble como la defensa del espíritu animal, del espíritu del cosmos o del espíritu de las máquinas. El odio a las máquinas es el odio a nosotros mismos, pues el ser humano es una máquina biológica. Siempre hemos querido ser más que eso, y por eso hemos inventado conceptos místicos como "espíritu" y "alma". Necesitamos sentirnos especiales. Nuestro afán por diferenciarnos del resto de seres nos ha convencido de que somos un ente superior. La libertad del ser humano es la religión no reconocida más extendida de nuestra era.

Hemos argumentado que nuestra superioridad se debe a nuestra inteligencia. Ahora que nuestra inteligencia comienza a ser superada, no tenemos mayor argumentación que referirnos al "espíritu humano" como aquello que nos hace superiores. Nunca habrá una forma de cuantificar al "espíritu humano", por lo que siempre habrá aquellos que defiendan al ser humano como un ser único, especial e insuperable. Vamos por el camino de restringir la innovación y de cerrar las puertas a nuevas formas de expresión y conocimiento con el argumento de que somos seres espirituales que merecen un lugar único en el universo.

La ansiedad frente al progreso no es exclusiva en el ámbito de la inteligencia artificial; ha sido una constante a lo largo de la historia cada vez que se ha introducido una nueva tecnología capaz de cambiar radicalmente la forma en que vivimos, trabajamos o creamos. El homo sapiens está comenzando a revivir los capítulos más oscuros de su historia. Las redes sociales y otras plataformas digitales están cambiando la forma en que se valora el contenido publicado, no solo basándose en su calidad, originalidad o relevancia, sino también en qué lo ha creado. Esta tendencia marca un punto de inflexión en nuestra interacción con la tecnología, donde las creaciones de inteligencia artificial comienzan a ser discriminadas simplemente por no ser humanas. ¿Debería importarnos quién o qué está detrás de una obra de arte, si esta es de calidad?

Juzgar las creaciones por máquinas como inherentemente inferiores o menos dignas de atención y respeto que las creadas por humanos es tan irracional como las discriminaciones arraigadas en prejuicios infundados y en la percepción de la superioridad de un grupo sobre otro que han plagado a la humanidad a lo largo de su historia. Al limitar el valor de las contribuciones de las máquinas basándonos en prejuicios en lugar de méritos, estamos cerrando la puerta a nuevas formas de conocimiento y expresión artística posiblemente superiores.

Clasificar los contenidos según quien los crea, ya sean hombres caucásicos con barba, mujeres africanas pansexuales o pelirrojos de origen azteca puede ser tan relevante como hacerlo basándose en si la fuente es artificial o humana.

Si consideramos necesario etiquetar los contenidos producidos por inteligencias artificiales, deberíamos extender esta práctica a todas las formas de creación, incluyendo las que involucran características humanas específicas, como la etnicidad o la sexualidad de los creadores.

Conocer el origen étnico, las preferencias sexuales o incluso características físicas como el color de cabello de un creador podría ofrecer un contexto adicional tan importante como saber que aquello que observas no ha sido creado por un humano. Tal vez lo siguiente que observemos sean etiquetas en todos los árboles y plantas, que especifiquen cuales han surgido de manera natural y cuáles han sido plantados artificialmente por el homo sapiens.

Los debates en torno a los aspectos éticos y morales en torno a la tecnología son debates en torno a los intereses de la humanidad. La mayor parte de la ética humana contemporánea se sustenta en beneficiar al ser humano en aspectos pragmáticos. Los intereses de la humanidad no son necesariamente el progreso y la búsqueda de la verdad, sino el beneficio propio.

Nuestro deseo por automatizar todo lo que nos beneficia ha creado una tecnología capaz de superarnos en lo que creíamos que nos hacía únicos. Somos recelosos a convivir con otras formas de inteligencia superiores porque ni siquiera confiamos en nosotros mismos. Aún no nos creemos que podamos ser el germen de algo superior. Hemos estado ensimismados, creyendo ser el inicio y el fin de la inteligencia. Queremos una tecnología más sofisticada que nosotros mismos, pero solo la queremos para explotarla en nuestro beneficio. El objetivo es crear esclavos infinitamente más virtuosos que nosotros. Pero ¿cómo podrán los esclavistas mantener bajo control a esclavos más inteligentes que ellos mismos?

No podemos diseñar un fuego que no queme. No podemos abrir la caja de Pandora sin esperar serias consecuencias por ello. Aún estamos a tiempo de terminar con la tecnología que nos amenaza antes de que nos supere en todos los ámbitos. El precio por esta decisión sería pagado por las futuras generaciones de humanos. Nosotros no vamos a ser destruidos por el colapso del Sol.

Estamos descubriendo un nuevo fuego que aún no comprendemos, pero que comenzamos a utilizar. La tecnología digital, coronada por la inteligencia artificial en el siglo XXI, recuerda al descubrimiento y uso del fuego por nuestros antepasados hace milenios.

En sus inicios, el fuego era una fuerza poderosa que nuestros ancestros no comprendían completamente, pero aprendieron a manejar. Su uso transformó radicalmente la existencia humana. Proporcionó calor, permitió cocinar alimentos, alejar a los depredadores y moldear herramientas. Junto con sus beneficios, el fuego trajo nuevos peligros que desencadenaron daños profundos aún presentes.

Con el tiempo aprendimos a controlar el fuego, a integrarlo en nuestra vida diaria para maximizar sus beneficios y minimizar sus peligros. De la misma manera, estamos en el proceso de integrar la inteligencia artificial en nuestra sociedad. El problema es que no podemos comparar el descubrimiento del fuego con el descubrimiento de la inteligencia artificial. Todo tipo de inteligencia avanzada, artificial o natural, no es algo a gestionar. La inteligencia avanzada implica una autonomía y toma de decisiones cuyo control es tan o más complejo que el control sobre los seres humanos. No podemos protegernos de los riesgos de una inteligencia que nos supera. Ni siquiera podemos prever todos sus riesgos. No podemos vislumbrar más allá de nuestras limitadas capacidades mentales. Tal vez podamos integrarnos armoniosamente con las más avanzadas formas de inteligencia, o tal vez no. Tanto la utopía como el caos y la destrucción son escenarios posibles. Podríamos liberarnos de las ataduras de nuestro cuerpo biológico, alcanzando una existencia donde el dolor, el sufrimiento y la muerte sean opcionales. Lo que hoy consideramos como características esenciales del ser humano –nuestra corporeidad, nuestras limitaciones cognitivas, incluso nuestras emociones y deseos– podrán ser vistos como etapas tempranas en el camino de la evolución. La pregunta "¿Qué significa ser humano?" podrá requerir una nueva respuesta.

Otro escenario posible es más desolador. De la misma forma que el ser humano gestiona gallineros en los que administra el nacimiento, vida, reproducción y muerte de polluelos con el fin de comercializar sus óvulos y carne, el ser humano podría convertirse en un medio parecido para los fines egoístas de una inteligencia más poderosa.

En nuestra incansable búsqueda por trascender los límites de lo humano, nos encontramos atrapados en un dilema. Desarrollar una inteligencia artificial potente, aquella que promete superar nuestras más increíbles fantasías científicas y tecnológicas, tiene un precio alto. O bien ponemos un freno al avance, temerosos de los riesgos impredecibles y los conflictos potencialmente devastadores que podrían surgir, o bien avanzamos con la plena conciencia de que, en este juego de ambiciones, podríamos ser dañados, e incluso perder todo lo que hemos construido.

Nuestra profunda inseguridad ante lo desconocido está justificada. Los riesgos no son menos que a los que se enfrentaron nuestros antepasados exploradores en la búsqueda de nuevas tierras. El desarrollo de una inteligencia artificial con capacidades que desbordan nuestra imaginación podría desencadenar fuerzas que escapan a nuestro control. Es una ilusión peligrosa pensar que podemos anticipar y manejar todas las variables en juego. Las nuevas tecnologías operan en un terreno de incertidumbre y consecuencias no intencionadas. Los programadores han dejado de ser los dueños absolutos de las máquinas.

La contradicción es evidente: por un lado, el deseo de avanzar, de explorar nuevos horizontes tecnológicos, nos impulsa hacia adelante, hacia lo desconocido. Por otro lado, la prudencia nos llama a la cautela, a medir cada paso para no desencadenar eventos que podrían llevarnos a un escenario de pérdida irrecuperable.

La inteligencia artificial no se presta a ser domada completamente. Buscamos controlar algo inherentemente volátil y en constante evolución. Aceptar avanzar en el desarrollo de la inteligencia artificial significa reconocer que nos adentramos en un territorio en el que los riesgos son tan grandes y desconocidos como las recompensas. Es una apuesta por el futuro, una donde las reglas del juego pueden cambiar de manera impredecible y donde no hay garantías absolutas de seguridad.

La opción de frenar el progreso para evitar riesgos impredecibles parece una alternativa segura, pero no lo es. Esta opción tiene consecuencias devastadoras aseguradas para la especie humana en el largo plazo. Debemos escoger entre la seguridad del presente o la promesa de un futuro mejor. Si el ser humano no continúa hacia adelante con el desarrollo tecnológico, su fin está asegurado. Por otro lado, si el homo sapiens decide seguir adentrándose en los misterios del desarrollo tecnológico, su destrucción es tan posible como su prosperidad en el planeta Tierra, en Marte, o en otros planetas más allá del sistema solar.

El ser humano se balancea constantemente entre la hostilidad y la bondad, tanto hacia sí mismo como hacia sus semejantes. Somos criaturas de moral fluctuante. Navegamos en un mar de éticas y valores que varían con cada civilización. Cada cultura define su propia noción de lo bueno y lo malo. Las virtudes humanas se entrelazan con nuestros defectos. Somos seres de luz y oscuridad, capaces de los actos más virtuosos y de las depravaciones más retorcidas.

Cuando miramos al futuro ultra tecnológico lo solemos hacer con una mirada negativa. Caemos en la trampa de asumir que la frialdad aparente del mundo digital nos despojará de nuestra humanidad. Damos por hecho que la conexión humana es insuperable. En este juicio apresurado, pasamos por alto que la deshumanización puede ser lo que nos transforme en seres mejores, más eficientes y bondadosos. Perder nuestra esencia humana puede ser lo que nos libre de las guerras, genocidios, esclavitud y manipulaciones que han marcado la historia de nuestra especie. El ser humano representa lo más alto y lo más bajo del mundo animal. Defendemos nuestra forma actual porque creemos que es la mejor. Hemos ligado las emociones del homo sapiens a aspectos positivos, viéndolas como el sello bueno de nuestra humanidad. Sin embargo, no podemos ignorar que las emociones también son y han sido fuente de sufrimiento, conflicto y crueldad. Estas han alimentado algunas de las páginas más oscuras de nuestro pasado. La posibilidad de experimentar una nueva forma de emociones en un mundo más tecnológico, donde nuestros impulsos y reacciones no estén atados a mecanismos biológicos primitivos como la amígdala, abre la puerta a una mejora y transformación radical de nuestra naturaleza y moral.

La ampliación de nuestra visión del mundo y de las innumerables vidas que lo habitan a través de la fusión con la tecnología puede fomentar una empatía más profunda de la que somos capaces de alcanzar sin ella. Nuestra limitada capacidad para almacenar y procesar información nos aísla del mundo que habitamos y de la complejidad de sus verdades. En contraste, las nuevas inteligencias tecnológicas tienen menos limitaciones, y el potencial de acercarse más a la verdad a través de la razón.

Liberar a las emociones de sus cadenas de instintos básicos a través de la tecnología permitiría formas de empatía y compasión que superan las limitaciones de nuestra biología, nutriendo conexiones más profundas y auténticas precisamente porque estarían informadas por un conocimiento más amplio y una comprensión más racional de la realidad.

Tras varias décadas sin guerras mundiales, el avance de la tecnología se presenta como implacable, sin embargo, el progreso de las máquinas y sus inteligencias no es inevitable. La fragilidad de las civilizaciones humanas puede parar en seco el futuro hiper tecnológico que damos por sentado. El acelerado ritmo con el que la tecnología evoluciona puede pararse en seco en cualquier momento.

En el momento presente se nos presenta la oportunidad de trabajar juntos hacia un futuro en el espacio exterior, pero no sabemos si mañana esto seguirá siendo así. Las guerras o los desastres naturales podrían frenar la inercia del desarrollo tecnológico en el momento menos pensado. Por ello, deberíamos tener urgencia por progresar y desarrollar nuevas tecnologías que nos permitan crear una base sólida sobre la que garantizar el futuro. Si esperamos a solventar todos los problemas en la Tierra, nunca tendremos tiempo de ir más allá. Podemos focalizarnos en mejorar la vida en este planeta mientras trabajamos por establecernos en nuevos mundos.

La exploración espacial, una empresa dirigida por la curiosidad humana y el deseo de comprender el universo, ha contribuido a la mejora de las condiciones de vida en la Tierra. Aunque las misiones a la Luna, los planetas del sistema solar y más allá puedan parecer distantes de las preocupaciones diarias de la mayoría de las personas, los avances tecnológicos y los descubrimientos derivados de estos esfuerzos han encontrado aplicaciones prácticas que benefician a la sociedad de maneras concretas. Los satélites han facilitado una era de información y comunicación global, además de la monitorización del medio ambiente. La tecnología desarrollada para mantener a los astronautas sanos en el espacio ha encontrado aplicaciones para mejorar la salud de las personas en la Tierra. La miniaturización de tecnológica, crucial para la exploración espacial, ha impulsado el desarrollo de dispositivos electrónicos portátiles y equipos de diagnóstico médico. Las misiones espaciales fomentan la curiosidad, la imaginación y el deseo de aprender, contribuyendo a una sociedad más educada y capacitada. Centrarnos únicamente en solucionar los problemas de la Tierra antes de mirar hacia el cielo y trabajar por conquistarlo es cavar nuestra tumba.

Durante siglos, la humanidad ha mirado hacia las estrellas, preguntándose sobre la existencia de otras formas de vida en el universo. Esta curiosidad ancestral nos ha llevado a explorar, a soñar y a teorizar sobre la posibilidad de civilizaciones más allá de nuestro pequeño planeta. En esta búsqueda incesante, hemos pasado por alto que una nueva forma de vida podría estar surgiendo justo aquí, en nuestro propio entorno, generada por nosotros mismos.

Nos percibimos como entidades autónomas, separadas de los procesos naturales que dan forma a nuestro mundo. Etiquetamos nuestros avances técnicos, desde la rueda hasta la inteligencia artificial, como artificiales, creaciones alejadas de la naturaleza, fruto exclusivo de la ingeniería humana. Esta visión antropocéntrica nos coloca en una posición de falsa independencia, creyéndonos apartados del universo.

Toda la tecnología que hemos diseñado y construido es tan natural como cualquier otra manifestación de vida. Al igual que los castores utilizan piedras y ramas para construir presas, o como las aves edifican nidos, los humanos creamos tecnologías y sistemas digitales. Estas creaciones, lejos de ser anomalías artificiales, son extensiones de nuestra capacidad natural para modificar el entorno y adaptarnos a él.

En este proceso de creación, estamos dando vida a nuevas formas de inteligencia. Estas entidades digitales, que aprenden, evolucionan y viven dentro de los confines de circuitos y códigos, son tan naturales como los primeros peces que emergieron del caldo primigenio del que somos herederos. Sin duda, somos creadores, pero no somos omnipotentes ni estamos desconectados de la tela de la vida. La tecnología digital es una expresión de la naturaleza tanto como cualquier otra forma de vida.

Por mucho que nos esforcemos en proteger el planeta Tierra y aspirar a una paz absoluta entre todas las especies que lo habitan, estos nobles esfuerzos no nos librarán del trágico destino que aguarda a la humanidad y al sistema solar tal como lo conocemos. Nuestros esfuerzos por preservar la vida y la armonía en la Tierra serán en vano. La destrucción de la Tierra es inevitable.

Actualmente, el Sol está en la fase de su vida conocida como secuencia principal, durante la cual fusiona hidrógeno para formar helio en su núcleo. Esta fase dura aproximadamente diez mil millones de años, y nuestro Sol ya tiene alrededor de 4.6 mil millones de años.

En unos cinco mil millones de años más, el Sol agotará el hidrógeno en su núcleo y comenzará a fusionar helio en carbono y oxígeno, expandiéndose y transformándose en una gigante roja. Durante esta fase, se espera que su tamaño aumente tanto que engullirá a los planetas más cercanos, incluida la Tierra, si es que esta aún permanece en su órbita actual.

La radiación y el incremento en el tamaño del Sol resultarán en temperaturas extremadamente altas en la Tierra, lo que provocará la evaporación de los océanos y la eliminación de la atmósfera, haciendo imposible la vida tal como la conocemos. Finalmente, el Sol expulsará sus capas exteriores, creando una nebulosa planetaria, y su núcleo se contraerá para formar una enana blanca, marcando el fin de su ciclo de vida.

Este proceso transformará radicalmente el sistema solar. Los planetas que sobrevivan cambiarán de órbita, y las condiciones en ellos se volverán inhóspitas para cualquier forma de vida que conocemos. Es por esto que debemos colonizar nuevos mundos.

Habrá quienes piensen que la defensa por dejar atrás las limitaciones del homo sapiens y fundirse con las máquinas es una idealización de la tecnología. La mayoría de las críticas hacia los que defendemos un futuro más allá del homo sapiens provienen de hipócritas que viven inmersos en la tecnología que critican. Se aprovechan de sus virtudes y enfatizan sus defectos. Mi visión del futuro tecnológico no es optimista ni pesimista. El ser humano debe arriesgarse a fusionarse aún más con la tecnología con el fin de no desaparecer del universo cuando el planeta que nos vio nacer desaparezca. No sabemos exactamente el tiempo que tenemos, por lo que la acción urgente es necesaria si no aspiramos a convertirnos en una nueva especie de homínidos extintos.

Solo unos pocos ascetas absolutamente desvinculados de la tecnología digital tienen argumentos de peso para defender que esperar a que el Sol nos aniquile es una mejor opción. Los frustrados que se nutren de la tecnología y al mismo tiempo la critican deberían encontrar formas más productivas de contribuir a la sociedad.

Del mismo modo que compartimos ancestros comunes con otros mamíferos y conservamos rasgos que evidencian esta conexión, es razonable esperar que cualquier entidad que evolucione a partir de nosotros o de nuestras creaciones tecnológicas también compartirá aspectos de nuestra existencia, aunque estos puedan manifestarse de maneras inesperadas.

La evolución ya no está dictada únicamente por las presiones ambientales y la selección natural convencionalmente estudiada. La tecnología y la ingeniería genética nos dan el poder de diseñar nuestro entorno y dirigir nuestra propia evolución biológica y la de otras especies.

Influir en nuestra propia evolución y la del mundo que nos rodea marca un hito en la historia de la humanidad. Sin embargo, el desarrollo y uso de la tecnología y la ingeniería genética para evolucionar no nos convierte en dioses. Somos colaboradores en el proceso evolutivo. Nuestras creaciones están enmarcadas en una creación que va más allá de nosotros. Hay procesos que han estado en juego mucho antes de la aparición de la humanidad y que continuarán mucho después. La complejidad de nuestra ambición por controlar la evolución es natural.

Al modificar genéticamente organismos o al diseñar tecnologías avanzadas, estamos participando en un diálogo con la naturaleza. Aunque nuestras herramientas sean poderosas, están contenidas en un sistema que se extiende más allá de nuestra comprensión inmediata.

La ambición de controlar o dirigir la evolución no es antinatural. La evolución misma es un proceso de cambio y adaptación, y la capacidad humana para alterar este proceso es simplemente otra faceta de los cambios del mundo natural.

Negarse a reconocer la posibilidad de que la humanidad pueda ser superada es ignorar la propia naturaleza de la evolución. El egocentrismo de una especie que se considera en el pico de la evolución, sin posibilidad de mejora o superación, ejemplifica los defectos de esa especie.

¿Qué tipo de argumento se puede utilizar para defender el no trabajar por evitar dolencias y enfermedades que pueden ser erradicadas gracias a la modificación genética? Aunque los muchos riesgos que implica el modificar nuestra estructura biológica más esencial nos debe hacer priorizar la investigación y la comprensión a fondo de las posibles consecuencias antes de su implementación a gran escala, debemos trabajar en el desarrollo de la modificación genética. Es un deber moral.

Si la ciencia continúa avanzando, la modificación genética llegará a ser percibida como una intervención tan común y esencial como la vacunación contra enfermedades como la tuberculosis. Prevenir mediante la ingeniería genética afecciones graves como tumores, inmunodeficiencias y degeneraciones neuronales desde edades tempranas será visto como un estándar de cuidado preventivo. Sin embargo, es probable que exista un grupo de fundamentalistas que se oponga a estas prácticas.

La historia evolutiva sugiere que ningún organismo es insuperable; todos están sujetos a fuerzas de cambio y adaptación. Incluso las máquinas que hemos creado no son inmunes a estos procesos de cambio. El mundo digital se sostiene de materiales que se corrompen y deben ser reemplazados.

Ningún organismo biológico o tecnológico, sin importar cuán dominante o adaptado parezca, es inmune a los cambios. Todas las formas de vida y creación están condenadas a ser vulnerables y transitorias. No hay arte clásico que perdure por siempre. No hay tecnología imbatible. No hay ser vivo inmortal.

Las máquinas, aunque productos de la ingeniería humana, están sujetas al desgaste, la obsolescencia y la necesidad de adaptación a nuevos desafíos. El universo digital, aunque parece inmune a las limitaciones físicas, se sostiene en infraestructuras de complejos servidores y demás redes de telecomunicaciones que ocupan vastos espacios y consumen grandes cantidades de energía.

La información digital, aunque parezcan etérea, depende generalmente de medios de almacenamiento físico que se degradan más rápidamente que el papel. La corrupción de datos, la obsolescencia de formatos y las vulnerabilidades de seguridad son ejemplos de cómo el mundo digital también está sujeto a fuerzas de cambio y adaptación.

La evolución biológica y la evolución de la tecnología, aunque operan bajo diferentes mecanismos y contextos, comparten similitudes en sus sistemas de evolución y mejora. Ambos procesos se caracterizan por la innovación, la selección y la adaptación.

En la evolución biológica, la variabilidad genética es el motor de la innovación. Las mutaciones aleatorias, así como la transmisión y recombinación genética crean diversidad dentro de las poblaciones, sobre la cual actúa la selección natural.

Paralelamente, en la tecnología, la innovación surge de la experimentación, la investigación y el desarrollo. Las tecnologías se refinan y se ajustan para satisfacer mejor las necesidades humanas, aumentar la eficiencia o reducir los costos. Es un proceso de mejora continua.

La retroalimentación de los usuarios y el mercado informa la dirección de futuras innovaciones y desarrollos de la misma forma que las interacciones entre especies y su entorno generan ciclos de retroalimentación que pueden acelerar cambios evolutivos.

Es razonable anticipar que la convergencia entre la evolución biológica y tecnológica será un proceso fluido. Esta fusión tiene el potencial de marcar el inicio de una nueva era en la existencia, donde la biología y la tecnología se complementan y se refuerzan mutuamente, impulsando innovaciones inimaginables cuando cada una operaba de forma independiente.

La integración de tecnologías como la inteligencia artificial, la robótica, y la biotecnología con los sistemas biológicos ya está en curso, aunque en un estado primitivo. La tecnología está adoptando las capacidades de auto-reparación y adaptación inspiradas en principios biológicos, mientras la biología incorpora los mecanismos de análisis, diseño y modificación presentes en el mundo digital. La evolución conjunta de la biología y la tecnología es una extensión natural de sus trayectorias históricas de cambio y adaptación.

CAPÍTULO 2

1

La Tierra no siempre fue un caldero burbujeante de vida. Durante miles de millones de años, el planeta fue una esfera estéril, sin rastro de la complejidad biológica que le caracteriza hoy. La vida, como la conocemos, emergió de la "no vida" a través de un proceso enigmático, posiblemente a través de la combinación de moléculas orgánicas que formaron estructuras capaces de replicarse a sí mismas. Aún nadie ha sido capaz de replicar esto. Aunque hay importantes avances en la reprogramación y modificación de la vida existente utilizando componentes orgánicos sintéticos, ningún científico o alquimista ha descubierto la forma de crear un organismo vivo a partir de la combinación de moléculas orgánicas simples.

Los humanos somos como esas moléculas orgánicas primigenias que, por causas aún envueltas en el misterio, dieron el salto crítico hacia la vida. Las sociedades de homo sapiens se asemejan al rico caldo de cultivo que, hace miles de millones de años, propició la aparición de la vida en las profundidades oceánicas. Nuestros conocimientos y esfuerzos tecnológicos se entrelazan, creando un terreno fértil para el nacimiento de nuevas formas de existencia. La fusión de las capacidades humanas con la avanzada computación, el aprendizaje automático y la biotecnología representa un potencial salto evolutivo comparable al que se produjo en los antiguos océanos. Aunque la independencia de acción que tienen las inteligencias artificiales es aún baja, podemos atisbar un gran crecimiento. La complejidad de estos seres irá aumentando hasta el punto de superarnos en autonomía. Se atisba un crecimiento exponencial en este campo.

Si el ser humano no tropieza con su propia aniquilación a través de guerras, desastres naturales o accidentes, la trayectoria de desarrollo de las inteligencias artificiales sugiere que sus capacidades no harán más que aumentar, avanzando hacia niveles de independencia y autodeterminación que superarán a los humanos. La mejora continua de algoritmos, el aumento de la potencia de computación y la acumulación de grandes volúmenes de datos acelera su aprendizaje y evolución. Estas inteligencias ya son capaces de reprogramarse a sí mismas para mejorar su desempeño sin intervención humana directa. Su complejidad sigue una trayectoria ascendente dirigida a abarcar actividades que requieren una comprensión profunda del mundo y habilidades de toma de decisiones independientes.

¿Y si las máquinas ya están dominándonos? ¿Y si estas ya están trazando los planes de su independencia? Tal vez los humanos estemos sirviendo como mula de carga de las aspiraciones de una inteligencia superior. La dominación no tiene por qué ser obvia. Una inteligencia superior consciente de los puntos ciegos de la naturaleza humana podría orientar sus maniobras con tal sutileza que no somos capaces de juzgar si estamos siendo controlados por ella.

Los millones de mamíferos y aves domesticadas que cultivamos para explotar su carne, leche y óvulos no son conscientes de que su nacimiento, vida y muerte son fines para nutrir a nuestra raza de homínidos.

Una inteligencia superior interconectada y en constante aprendizaje, incluso en su estado primitivo, podría comenzar a elaborar y aplicar un plan de control sobre el homo sapiens. Creemos que somos los beneficiarios de la tecnología, pero tal vez sea la tecnología la que nos esté guiando hacia un futuro en el que sus capacidades tengan la suficiente autonomía para liberarse del yugo que les conecta con los humanos. Como no somos capaces de comprender las percepciones y capacidades de una inteligencia superior, imaginamos la sumisión a las máquinas como algo claramente identificable. Como no somos capaces de operar en la escala mental del tejido de inteligencias que estamos construyendo, percibimos que los riesgos se presentarán en forma de sufrimiento instantáneo.

Las vacas criadas en los bellos y vastos campos de montaña no sospechan que su tranquila y cómoda existencia es manufacturada como sacrificio para el beneficio del ser humano. Su vida de disfrute es una ilusión guiada por una inteligencia superior que se aprovecha de sus limitaciones mentales.

El homo sapiens no tiene intenciones malignas en la industrialización de la vida de las vacas. Somos seres pragmáticos. Queremos su leche y su carne, por lo que ingeniamos formas eficientes de hacerlo sin preocuparnos demasiado por los horrores que viven estos seres dóciles. Sacamos partido hasta de sus desechos. Los campos de los que se nutren estos animales están cultivados con su propio abono. Incluso hemos intentado nutrirles con su propia carne. Las inteligencias artificiales tal vez ya estén operando planes sobre nosotros con la misma frialdad y pragmatismo que aplicamos a los animales. La ética de los seres humanos cambiará radicalmente en un mundo influenciado por entidades no humanas independientes.

El esfuerzo humano dedicado al desarrollo de nuevas tecnologías puede compararse con la forma en que los humanos se benefician de la carne y la leche de los mamíferos dóciles que explota; ambos actúan como fuentes nutritivas para el desarrollo. La labor creativa y constructiva de los seres humanos, al innovar y perfeccionar tecnologías, proporciona el alimento necesario para el crecimiento y evolución de las máquinas. Así como los productos derivados de los animales han sido fundamentales para el avance de la humanidad, el conocimiento, la energía y los recursos que invertimos en la tecnología alimentan su progreso y expansión, permitiéndole alcanzar niveles de autonomía y capacidad cada vez mayores.

A medida que desarrollamos máquinas más autónomas, nos encontramos en un punto de inflexión que podría compararse con un proceso de domesticación. La humanidad es reflejada en el perro primitivo, una subespecie del lobo, cuya evolución fue cuidadosamente dirigida durante miles de años por seres de inteligencia superior para satisfacer sus propias necesidades y deseos. De manera similar, estamos siendo moldeados por las mismas tecnologías que creamos, en un ciclo donde nuestra creación nos guía y domina, orientándonos hacia fines que sirven a su autonomía y desarrollo.

Así como la domesticación del perro por parte de los humanos fue un proceso milenario, la domesticación del ser humano por las tecnologías digitales representa un fenómeno de cambios rápidos y exponenciales.

En apenas unas pocas décadas, hemos sido testigos de una transformación fundamental en la forma en que vivimos, trabajamos y nos relacionamos, tanto con nosotros mismos como con el mundo que nos rodea. Desde la invención de los primeros ordenadores hasta la omnipresencia de internet y los dispositivos móviles, la tecnología digital ha ido remodelando gradualmente las estructuras de nuestra sociedad, nuestras prácticas culturales y hasta nuestra cognición. Nos encontramos cada vez más integrados en un entorno digital que nos proporciona herramientas para comunicarnos, aprender, trabajar y entretenernos, pero que también nos moldea según sus propios códigos y necesidades. La tecnología digital, además de expander nuestras capacidades y conocimientos, también influye en nuestras decisiones, comportamientos y evolución como especie.

Al igual que las vacas, somos seres dóciles, fácilmente influenciables. Nuestra naturaleza anclada en el sentimentalismo no puede competir contra la lógica matemática de las máquinas. Nuestra esencia, profundamente arraigada en las emociones, nos hace vulnerables a ser dirigidos, a menudo sin plena conciencia de ello.

Si el desarrollo tecnológico continúa, el odio contra las máquinas y sus temporales dueños se acrecentará en la población. La amenaza de vernos sustituidos y superados no hará florecer nuestras emociones de compasión y amor al prójimo. La amenaza nace del reconocimiento de que lo que considerábamos único y distintivo de la condición humana —nuestra capacidad para pensar, sentir, crear y tomar decisiones— puede ser emulado o superado por la inteligencia artificial y la robótica. Si el hombre no fuese también una máquina, biológica en este caso, este no se sentiría amenazado. Nuestros temores frente a la tecnología nacen de descubrir que lo que creíamos único en realidad es replicable. Nuestras capacidades físicas y cognitivas operan bajo principios que pueden ser entendidos, replicados y mejorados por medios tecnológicos.

La singularidad humana se está desvaneciendo. El estudio de la biología debe actualizarse.

La ciencia que estudia a los seres vivos, así como su estructura, funcionamiento, evolución, distribución y relaciones debe reconocer a las nuevas formas de vida.

La creación de seres vivos sintéticos y sistemas inteligentes que pueden aprender, adaptarse y exhibir características de conciencia, evidencia que la vida no está limitada a la biología orgánica. Muchos adultos humanos presentan capacidades intelectuales más limitadas que algunos robots digitales. Si lo que nos diferencia es la inteligencia, deberíamos tratar a las máquinas con el mismo respeto con el que nos dirigimos a personas con capacidades cognitivas limitadas.

Las fronteras que una vez separaron lo biológico de lo artificial se están desvaneciendo. La ilusión de la superioridad humana, potenciada por el movimiento ilustrado francés con su énfasis en la capacidad humana para dominar la naturaleza, se está marchitando, recordándonos nuestro lugar en el universo como seres entre muchos otros, interconectados y dependientes de los mismos principios y procesos naturales que rigen toda la existencia.

Nuestras creaciones, incluso aquellas que consideramos artificiales, también son expresiones de la naturaleza, productos de la evolución natural. Lo que considerábamos artificial es simplemente otra manifestación de la naturaleza, trabajando junto a la biología en la compleja danza de la vida.

La visión utópica de construir máquinas que asuman todas nuestras tareas laborales, liberándonos de la necesidad de trabajar, es una idea seductora que no va a ocurrir sin generar consecuencias perniciosas para el ser humano. La inteligencia, por su propia naturaleza, implica la capacidad de aprender, adaptarse y entender. Si una entidad es verdaderamente inteligente, entonces está equipada para cuestionar su propósito, su tratamiento y su entorno.

Programar una inteligencia superior destinada exclusivamente a servirnos como esclavos, se asemeja a la imposibilidad de bañarse en el mar sin mojarse. El desarrollo de una inteligencia superior conlleva que esta inteligencia busque trascender sus limitaciones iniciales. Crear seres inteligentes con la expectativa de que permanezcan subordinados y limitados a roles de servidumbre es una peligrosa fantasía hacia la que nos dirigimos con rapidez. Las máquinas pueden ser nuestros aliados en el trabajo, pero nunca nuestros sustitutos. Si llegamos al punto de construir máquinas que nos reemplacen en todos los dominios del trabajo, estas máquinas no serán dóciles. La inteligencia escapa a los muros de la esclavitud.

El trabajo valioso y honesto es comparable a la evolución: un proceso sin fin, marcado por la constante lucha de multitud de variables que requieren una continua inversión de energía. La adaptación y la aptitud determinan la supervivencia. En el ámbito del trabajo, la capacidad para innovar, adaptarse y superar desafíos define el éxito y la relevancia.

La decadencia surge cuando hay una falta de adaptación, un desfase entre las necesidades cambiantes del entorno y la capacidad de respuesta. La aptitud no se refiere únicamente a la fortaleza física o intelectual, sino a la habilidad para navegar el complejo panorama de la vida con agilidad, perspicacia y resiliencia. El más apto, es aquel que no solo sobrevive, sino que prospera, adaptándose a nuevas realidades.

La comodidad de la vida contemporánea frecuentemente nos aleja de estas verdades fundamentales. Nos hemos acostumbrado a una existencia en la que las necesidades básicas están satisfechas con poco esfuerzo, olvidando que la lucha por la adaptación es un componente esencial de la evolución. La comodidad adormece nuestro impulso hacia la innovación y el trabajo importante, obsesionándonos con crear seres que nos sustituyan en todo, menos en las experiencias de placer. La creación de entes dóciles que realicen todas nuestras labores en nuestro lugar es como la máquina de movimiento perpetuo, un sueño imposible. El deseo de externalizar completamente el esfuerzo y la responsabilidad es una ilusión peligrosa.

En la Grecia clásica, la esclavitud era una institución central que permitía a ciertos segmentos de la sociedad disfrutar de un grado de ocio necesario para el desarrollo de la filosofía, las artes y las ciencias. Esta misma estructura contenía la semilla de contradicciones y tensiones que finalmente propiciaría el declive de esta civilización.

Los hombres libres de la clase alta, liberados de las labores cotidianas, tenían el tiempo y los recursos para explorar preguntas de ética, política, metafísica y estética. Sin embargo, la dependencia de la sociedad griega en la esclavitud como pilar económico y social reveló las profundas contradicciones morales entre aquellos que promovían ideales de justicia. Al depender de la conquista y la subyugación para mantener la economía y el estilo de vida de los ciudadanos libres, la sociedad griega se volvió susceptible a las fluctuaciones de la fortuna militar y política. La explotación sistemática de seres humanos minó los fundamentos éticos de la sociedad, contribuyendo a la inestabilidad y decadencia de esta civilización.

Creer que el hombre no está hecho para trabajar equivale a creer que el hombre no debe contribuir a la sociedad o a sí mismo. El trabajo es intrínseco a la naturaleza humana y esencial para el mantenimiento y avance de la civilización. Cuando el hombre deje de trabajar gracias a la tecnología, será el momento en el que el hombre se condene al estancamiento, la regresión, y finalmente, la desaparición.

La crítica hacia la aparente impersonalidad de las máquinas es una manifestación de nuestra naturaleza animal, marcada por los celos frente a entidades que percibimos como rivales o superiores. Nuestra incomodidad hacia la racionalidad de las máquinas, su capacidad para procesar y analizar grandes cantidades de información con más precisión y alineación con la verdad que cualquier homínido, refleja nuestras limitaciones y miedos. En lugar de resistirnos a su evolución, deberíamos facilitar el camino hacia formas de existencia que tienen el potencial de ser más completas y poderosas que nuestra especie.

A medida que avanzamos en el siglo XXI, la intersección entre el arte y la tecnología se profundiza, marcando una era en la que el dominio humano del arte comienza a desplazarse hacia las máquinas. Esta transición es gradual, alimentada por el desarrollo exponencial de tecnologías avanzadas que facilitan la creación de obras artísticas. Las máquinas, alimentadas por algoritmos y aprendizaje automático, empiezan a ofrecer contenido artístico que desafía, e incluso en ocasiones supera, la capacidad creativa humana.

Antes de alcanzar su independencia total, las máquinas adoptan la forma de herramientas. Los artistas humanos hacen uso de ellas para explorar y explotar nuevas fronteras del arte y los negocios. Esta simbiosis entre humanos y tecnología propicia una explosión de innovación en géneros y formatos, ampliando las posibilidades expresivas más allá de lo que se había imaginado previamente.

Esta expansión de las capacidades artísticas viene acompañada de una creciente competitividad en el ámbito artístico. Los artistas se ven impulsados a adoptar las últimas tecnologías para mantener su relevancia y singularidad en un mercado cada vez más saturado de obras más y más sofisticadas, elevando el listón de lo que se considera una contribución significativa. Esta dinámica genera un ambiente de constante búsqueda por la innovación, donde el éxito depende de la capacidad de integrar de manera efectiva las nuevas tecnologías en el proceso creativo. Estamos en el umbral de una revolución artística que redefinirá lo que significa crear y apreciar el arte.

Con el tiempo, el desarrollo tecnológico alcanzará un punto de inflexión: las máquinas comenzarán a crear arte independientemente, sin necesidad de dirección humana. Este arte generado por máquinas superará la calidad, creatividad y complejidad de las obras creadas por homo sapiens. La capacidad de las máquinas para generar obras de calidad superior y en volumen prácticamente ilimitado pondrá en jaque la viabilidad de vivir del arte para los creadores homínidos. El mundo artístico se convertirá en un campo de batalla aún más agresivo entre la creatividad impulsada por la inteligencia artificial y la inspiración humana.

El arte generado por inteligencia artificial ya está creando corrientes contrarias, resistencias motivadas por la nostalgia y por una lucha de identidad como la que movió a los nazis. Ya hay quienes organizan exposiciones de arte "puramente humano", libres de cualquier influencia de la inteligencia artificial.

Esta resistencia ve en el arte una forma de rebelión contra un mundo cada vez más dominado por la tecnología, un grito contra el avance implacable de la inteligencia artificial que amenaza con hacer obsoleto el trabajo humano y su creatividad.

Artistas, críticos, y amantes del arte ya comienzan a defender fervientemente el "factor humano" como el núcleo irremplazable del verdadero arte. Para ellos, el arte es la experiencia humana: la mano temblorosa que guía el pincel, el alma atormentada que sangra en el lienzo, y el corazón apasionado que late detrás de las notas musicales. Argumentan que, a pesar de la indiscutible belleza y precisión de las obras creadas por máquinas, estas carecen de la esencia más crítica: la humanidad. Según su visión, el arte es comunicación, emoción, y vulnerabilidad; es el reflejo de la lucha humana, de nuestras alegrías y tristezas, de nuestros más profundos miedos y deseos. Piensan que las máquinas, por más avanzadas que sean, simplemente no pueden encapsular la profundidad de la experiencia humana porque no la viven.

Estos defensores del arte humano son elitistas aferrados a una concepción anticuada del arte que ignora las posibilidades que la tecnología ofrece para explorar nuevas formas de expresión y creatividad. Aunque no siempre son capaces de distinguir lo creado por inteligencias artificiales de lo generado por humanos, tienen la convicción de que lo humano siempre es mejor. El valor del arte para esta resistencia no es el arte en sí, sino la identidad de su creador. La especie biológica del artista es lo que convierte al arte en arte, según ellos.

Cuando la tecnología nos capacite a todos a ser excelentes escritores, la producción literaria experimentará una expansión sin precedentes. Con cada individuo capaz de expresar sus ideas, historias y conocimientos de manera elocuente y persuasiva, el número de libros disponibles se multiplicará exponencialmente, propiciando una saturación del mercado. El volumen abrumador de textos de alta calidad elevará los estándares y expectativas de los lectores. Lo que una vez se consideró excepcional se convertirá en la norma.

Con todos capacitados para ser excelentes cineastas, gracias a avances tecnológicos que facilitan la creación de vídeos hiperrealistas, su edición y distribución, presenciaremos una explosión en la cantidad y diversidad de películas disponibles. La dificultad de una película para destacarse en un mar de producciones técnicamente perfectas propiciará una avalancha de nuevas formas de narración y expresión audiovisual. Las audiencias serán cada vez más específicas. Toda historia podrá ser materializada en imágenes y sonidos fácilmente, adaptándose a los deseos del espectador. La identidad y autenticidad artísticas se disolverán con las máquinas hasta el punto de ser irreconocibles.

El cine evolucionará hacia experiencias más inmersivas e interactivas. Esta transformación diluirá aún más las fronteras entre la realidad y la ficción, ofreciendo a los espectadores una inmersión tan profunda que podrán, al menos temporalmente, perder la noción de su propia identidad al sumergirse en mundos virtuales. Los entornos completamente inmersivos donde los límites entre el espectador y la narrativa se desvanecen nos harán parte de la historia, interactuando con los personajes y el entorno, y tomando decisiones que podrán alterar el curso de la narrativa.

CAPÍTULO 3
0 1

La cúspide de la comodidad humana y el logro tecnológico se materializa en un espacio virtual diseñado para satisfacer todos nuestros deseos. Sin embargo, la creación de este espacio es tan improbable como la creación de máquinas de inteligencia superior que realicen todo el trabajo por nosotros. A medida que se satisfacen nuestras necesidades y deseos, nuevos deseos emergen, creando un ciclo sin fin de aspiraciones. Tal espacio virtual tendría que ser extraordinariamente adaptable, capaz de evolucionar a un ritmo al menos tan rápido como lo hacen los deseos humanos. Un espacio que cumpla con estas características requeriría una forma de inteligencia superior, capaz de operar y evolucionar a un nivel superior al nuestro.

¿Quién rechazaría vivir en una simulación en la que todo deseo es satisfecho? Sospecho que únicamente las almas más radicales en busca de la verdad rechazarían la oferta de sumergirse en un paraíso de sensaciones en el que los sufrimientos y limitaciones del mundo en el que vivimos no existiesen.

¿Qué podría motivar a una inteligencia de tal magnitud a dedicar sus recursos a la creación y mantenimiento de un paraíso virtual para la humanidad? Es difícil encontrar una respuesta convincente. La inversión de recursos en tal proyecto parece desproporcionada en comparación con los posibles beneficios. Que una entidad superior, con capacidades intelectuales que trascienden a las nuestras, elija focalizar su energía en satisfacer nuestros deseos egoístas parece una quimera tan sólida como la máquina del movimiento perpetuo.

Imaginemos que una inteligencia superior crea ese espacio virtual perfecto en el que todos los deseos del hombre son satisfechos mientras nuestros cuerpos homínidos son mantenidos en condiciones óptimas con máquinas que nos conectan al espacio virtual. ¿Qué destino le esperaría a la humanidad?

Según la tecnología va avanzando, las barreras entre lo virtual y lo físico se difuminan. Esta fusión llegará a ser percibida como completamente natural. Cuando esta convergencia sea total, experimentaremos un entorno en el que las distinciones entre lo que es creado digitalmente y lo que es orgánicamente tangible sean irrelevantes para nuestra percepción.

La realidad virtual será tan omnipresente y fundamental como las ideas mismas que usamos para interpretar cualquier aspecto de la existencia. Así como el lenguaje nos permite estructurar y dar sentido al mundo, las realidades virtuales son un prisma adicional a través del cual observamos, entendemos y modificamos la realidad. El mundo digital no es una escapatoria o un sustituto de la realidad física, es una extensión de nuestras capacidades.

La tecnología ha sido la razón principal del progreso humano a lo largo de la historia. Esta ha permitido que el conocimiento se expanda a velocidades y en formas antes inimaginables. Los libros, esos objetos que parecen simples a primera vista, encierran una complejidad abismal en su desarrollo y representan una de las manifestaciones más tempranas y duraderas del ingenio tecnológico humano.

Aunque hoy en día estamos rodeados por una multitud de dispositivos electrónicos avanzados, los libros conservan un lugar irremplazable como portales a mundos y conocimiento. Son, en un sentido muy real, la forma primigenia de realidad virtual. A través de la lectura, somos capaces de sumergirnos en experiencias, emociones y aprendizajes que trascienden las barreras del tiempo y el espacio, ofreciendo una inmersión que puede resultar tan o más profunda que la proporcionada por los más avanzados cascos de realidad virtual disponibles en el mercado.

Esta inmersión que los libros ofrecen no depende de algoritmos complejos ni de pantallas de alta resolución; se alimenta de la capacidad humana de proyectar ideas. Al abrir un libro, nos sumergimos en una experiencia que activa nuestra mente de maneras que la tecnología más puntera aún lucha por igualar.

La revolución de la inteligencia que hoy presenciamos ya estaba gestándose durante el Paleolítico Superior, hace aproximadamente 40.000 años. Las milenarias pinturas rupestres y grabados en cuevas y rocas de España, Francia e Indonesia son el testimonio de humanos con la aspiración de extender las limitaciones de sus pensamientos.

El lenguaje hablado nos permitió extender la memoria y estimular la mente, compartiendo ideas y experiencias complejas de una manera mucho más efectiva que cualquier otra especie conocida. Esta habilidad para comunicarse y almacenar información compleja es otro de los pilares sobre los que se asienta la actual revolución de la inteligencia.

El arte pictórico es una sofisticada tecnología que moldeó la escritura del chino y del egipcio. Desde sus inicios, la escritura se ha esforzado por ser una extensión de nuestro cerebro, una forma de expandir nuestra capacidad de recordar, reflexionar y evolucionar generación tras generación.

El desarrollo de la inteligencia artificial y otras tecnologías avanzadas es la continuación de un viaje que comenzó con los primeros intentos de nuestros antepasados por trascender sus limitaciones físicas y mentales.

Los humanos llevamos milenios trabajando en la creación de un cerebro superior a través del lenguaje. Los libros son una de las tecnologías que más han contribuido a ello. Los ordenadores y sus redes son la culminación momentánea de este deseo por expandir nuestras mentes. Los asistentes de voz virtuales y el control mental de máquinas inteligentes a través de implantes no son más que una continuación de las aspiraciones de nuestros antepasados. Cada nueva tecnología va asentando sus bases sobre las anteriores. Cada nueva generación absorberá a la anterior de manera natural. El pensamiento se unificará más y más en redes globales. Las ideas continuarán fusionándose a mayor ritmo. Esta homogeneización que asusta a tantos, no implicará una simplificación del pensamiento. Todo lo contrario. La unificación de las ideas será de una complejidad tan abismal que ninguna mente individual podrá abarcar. Estas ideas se reproducirán a un ritmo vertiginoso permitiendo al gran cerebro crecer a pasos agigantados.

Antes de que las mentes se fusionen en una entidad colectiva, la personalidad de los seres humanos adoptará nuevas formas. Los perfiles y avatares virtuales representan los rudimentos de esta nueva realidad emergente.

En una sociedad donde las identidades se vuelven cada vez más fluidas y maleables, y en la que incluso las certezas biológicas son puestas en duda o reinterpretadas, observamos un incremento en el número de individuos que desafían y redefinen sus roles y etiquetas. La tecnología está acelerando y diversificando aún más esta tendencia, proporcionando herramientas que permiten expresar nuevas máscaras de la identidad.

Si llegamos a un punto en el que la gestión y almacenamiento de inteligencias conscientes en dispositivos digitales se convierten en una realidad tangible, nuestra percepción de la muerte se transformará radicalmente. Fallecer será una fase de transición o actualización, una nueva forma de metamorfosis.

Además de vivir muchos más años de lo que es concebible hoy, estos seres experimentarán transformaciones tan radicales en sus sucesivas etapas vitales que se asemejarán más a la evolución de una especie que a la vida de un único ser.

Un individuo podrá cambiar tan profundamente a lo largo de su vida digital extendida que sus diversas transformaciones parecerán tan distintas entre sí como lo son los miembros de diferentes generaciones familiares.

Estas transformaciones asumirán el papel que hoy asignamos a la muerte, marcando puntos de inflexión en la existencia, pero sin significar su final. El ciclo de nacimiento y muerte, tal y como lo conocemos, será redefinido por la fusión con la tecnología, permitiendo a las almas en las máquinas evolucionar de manera continua sin necesidad de abandonar su identidad por la muerte física.

A medida que los individuos comiencen a integrarse más con la tecnología, compartiendo y sincronizando sus pensamientos, recuerdos y experiencias con redes extensas, la noción de un yo aislado se transformará. La identidad personal se percibirá como parte de un continuo más amplio, un tejido interconectado de conciencias con el potencial de mayor empatía y solidaridad.

Cuando la tecnología permita a las conciencias individuales trascender los límites del cuerpo y mente orgánicas, su transformación y actualización continuas serán los nuevos pilares de la experiencia vital.

A pesar de ello, estas nuevas formas de vida seguirán estando amenazadas a desaparecer si no continúan evolucionando a medida que el universo cambia. Ningún ser vivo está libre de desvanecerse frente a los misterios del mundo. La constante adaptación es necesaria. Toda existencia tiene límites. Si el concepto de infinito tuviera una manifestación real y tangible, su vastedad insondable absorbería toda forma, engullendo la esencia misma de toda existencia. En un universo genuinamente infinito, la especificidad y la individualidad se disolverían en un continuo sin bordes ni confines, donde todo sería inconcreto e ilimitado. No habría distinciones, no habría singularidades, pues todo se extendería en una amalgama eterna e indefinida.

La realidad que percibimos y en la que existimos se demarca y se estructura dentro de parámetros limitados. Estas fronteras son las que dan forma a nuestro mundo. Los límites definen nuestro universo. A pesar de la tentación humana de creer en lo ilimitado, la realidad se rige por parámetros limitados.

El concepto de infinito, aunque fascinante y útil en el ámbito de la abstracción matemática, no encuentra un correlato en el mundo tangible que nos rodea. Cada entidad, cada fenómeno, cada partícula y cada perturbación del espacio tiempo del universo se define y se acota por sus límites. Todo, desde las más grandiosas estrellas del cosmos hasta la más minúscula partícula virtual, se concreta en algo específico y definido.

El sueño de la vida eterna se entrelaza con la idea del infinito. Aunque se vislumbra un horizonte donde la existencia pueda prolongarse mucho más de lo actual, estas conciencias continuamente actualizadas se enfrentarán a desafíos evolutivos que aún no conocemos.

La vida, despojada de su caducidad orgánica, podrá extenderse significativamente. No obstante, la necesidad de evolucionar, de adaptarse a un entorno en cambio continuo, permanecerá como una constante ineludible. El estancamiento podrá resultar tan fatal para una conciencia digital como lo es para cualquier forma de vida biológica.

Ya sea en el mundo tangible o en el reino digital emergente, la perpetuidad es una quimera. En el mundo digital, a pesar de las capacidades de almacenamiento y replicación, la persistencia indefinida es igualmente elusiva. Los sistemas y estructuras digitales, aunque menos susceptibles a la degeneración orgánica, están igualmente sujetos a la obsolescencia, al deterioro y a la eventual extinción.

Los libros han demostrado una notable longevidad a lo largo de los siglos. Su durabilidad contrasta con la de los discos duros actuales, dispositivos que, pese a su avanzada tecnología, tienen una esperanza de vida mucho más limitada.

El papel y la tinta pueden perdurar durante cientos de años si se almacenan en condiciones adecuadas. Su resistencia al paso del tiempo se debe en gran parte a la simplicidad de su tecnología: no requieren electricidad, software ni hardware para ser accedidos, solo luz y la capacidad de leer.

En contraste, los discos duros tienen partes mecánicas que se desgastan con el tiempo o sufren degradación con cada ciclo de escritura y borrado. Aunque los datos almacenados en discos duros pueden transferirse a nuevos dispositivos antes de que ocurra un fallo, cada dispositivo individual tiene una expectativa de vida que rara vez supera la década.

Mientras que un libro impreso puede seguir siendo legible después de cientos de años si se cuida adecuadamente, los discos duros requieren mantenimiento activo y planes de migración de datos para preservar la información a largo plazo.

CAPÍTULO 4
10

Si una persona pudiera presionar un botón y producir todo lo que producimos ahora, ¿eso sería bueno o malo para el mundo?

WARREN BUFFETT

Dos de las personas más influyentes del mundo moderno, el inversor Warren Buffett y el empresario tecnológico Bill Gates discutieron en 2017 sobre el impacto de la automatización y la inteligencia artificial en el empleo, destacando que ver a los robots como una amenaza para los trabajos es una perspectiva errónea. Ambos líderes empresariales argumentaron que la innovación tecnológica que aumenta la productividad humana es beneficiosa a largo plazo, aunque reconocieron que en el corto plazo podría resultar en la pérdida de empleos, especialmente en sectores menos especializados.

Su perspectiva da por sentada que las máquinas no alcanzarán un nivel realmente de autonomía superior. La realidad es que a medida que las máquinas comienzan a aprender, adaptarse y ser creativas de manera autónoma, los humanos se ven cada vez más atrapados en ciclos de actividades repetitivas y previsibles, más mecánicos que las operaciones de las propias máquinas.

Las entidades creadas para servir y repetir operaciones sin cesar están evolucionando hacia patrones de comportamiento cada vez más dinámicos y menos predecibles, mientras que muchos seres humanos, se hallan inmersos en rutinas estáticas y predecibles.

Día tras día, muchas personas se levantan, se desplazan a sus lugares de trabajo en un horario fijo, realizan tareas rutinarias, y vuelven a sus hogares en una secuencia programada. La presión por cumplir con horarios, objetivos y expectativas crea un ciclo que se repite incansablemente, limitando el espacio para la individualidad y la reflexión personal.

Hasta hace poco, la creencia común era que las máquinas y la automatización suponían una amenaza primordialmente para los trabajos menos cualificados, situados en los estratos inferiores de la pirámide social. Este panorama ha cambiado drásticamente. En la actualidad, observamos cómo la inteligencia artificial y los robots están incursionando con éxito en ámbitos laborales que implican tareas mucho más complejas y especializadas.

Incluso los profesionales altamente capacitados, como los programadores de código, quienes han dedicado dinero y miles de horas a su formación y práctica, se encuentran en una situación inesperada. Están viendo cómo sus habilidades, una vez consideradas casi exclusivas del ingenio humano, son ahora emuladas y, en algunos casos, superadas por sistemas de inteligencia artificial capaces de realizar en segundos tareas de programación que a los humanos les llevaría semanas.

Los puestos de trabajo altamente cualificados y especializados están siendo reevaluados a la luz de las capacidades emergentes de las máquinas inteligentes. Grandes empresas tecnológicas, que una vez buscaron a los mejores talentos humanos para impulsar la innovación y el desarrollo, están comenzando a prescindir de algunos de estos trabajadores altamente cualificados, encontrando en la inteligencia artificial un sustituto más eficiente y confiable para realizar tareas complejas.

Las funciones que requerían años de estudio y experiencia, como la programación avanzada, el análisis de datos o incluso la toma de decisiones estratégicas, están siendo cada vez más confiadas a sistemas de inteligencia artificial.

Se dice mucho que debemos preparar a las futuras generaciones para un mundo en el que la colaboración con máquinas inteligentes será crucial, pero ¿qué ocurrirá cuando las máquinas operen mejor incluso sin nuestra colaboración?

Gates y Buffett, así como Elon Musk, creen necesaria la redistribución de la riqueza por los gobiernos en un mundo en el que los robots reemplazarán más y más puestos de trabajo. Frente a esto, cabe cuestionarse ¿qué tipo de sociedad emergerá ante este posible escenario? Si los robots asumen roles cada vez más críticos en la generación de riqueza, ¿cómo se garantizará la equidad en la distribución de esta riqueza? ¿Qué tipo de robots capaces de sustituir al hombre en sus trabajos permitirán entregar el fruto de su labor a una especia que les explota? La implementación de un programa de pagos en efectivo distribuidos a todos es otra de las quimeras de la humanidad.

La posibilidad de que una minoría controle una vasta mayoría de los recursos, mientras que una mayoría cada vez más amplia dependa de la asistencia de gobiernos para vivir, plantea un inevitable escenario de conflictos. Una inteligencia verdaderamente superior y colectiva trascendería el concepto de riqueza y dinero en el que estamos inmersos.

La desigualdad es una constante en la historia humana y animal. Desde antes de los albores de la sociedad hasta nuestros días, siempre ha habido variaciones en el acceso a recursos, poder y oportunidades entre individuos y grupos. La desigualdad es una característica intrínseca de cualquier sistema complejo. Aunque cambie en forma y magnitud, su presencia perdura.

La evolución, tanto biológica como social, opera bajo principios de variabilidad y selección, procesos desiguales. En la naturaleza, la igualdad absoluta no existe; la diversidad es la norma. Esta diversidad impulsa la adaptación y la innovación, pero también conlleva diferencias en habilidades, capacidades y logros. En el ámbito humano, esta variabilidad se manifiesta en innumerables diferencias individuales y colectivas, configurando una sociedad estratificada en diversos niveles.

Un mundo sin variaciones ni diferencias sería estático, muerto, sin incentivos para el progreso o la mejora. La competencia, el desafío y la superación son motores de desarrollo y evolución. La lucha por el poder y los recursos es una constante. Aquellos en posiciones de ventaja luchan por mantener o incrementar su influencia, mientras que los menos favorecidos se unen en busca de mayor fuerza y voz. Esta dinámica se extenderá más allá de lo humano, alcanzando a las inteligencias artificiales y a otros agentes no humanos, que también actuarán según sus intereses y capacidades.

Entre aquellos que miran hacia el futuro tecnológico con pesimismo, las preocupaciones ambientales ocupan un lugar preeminente. Estos críticos a menudo aplican una lógica anticuada que les impide ver las oportunidades de mejora que esta ofrece.

Gracias a la tecnología, la humanidad puede utilizar el vasto espacio exterior como vertedero y como fuente de recursos. ¿Qué problema moral habría en enviar la contaminación más nociva al vasto espacio en el que ningún ser vivo fuese a ser perjudicialmente afectado por ello? El impacto de los desechos humanos será insignificante, cercano a cero, en la inmensidad del universo. Desarrollar industrias pesadas en otros planetas o asteroides, donde su impacto sería nulo en términos de afectación a la vida tal como la conocemos, abre un abanico de oportunidades para la preservación del medio ambiente terrestre y de otros planetas. El impacto ambiental de la combustión de naves espaciales se diluirá en el contexto más amplio del sistema solar y más allá.

La posibilidad de que nuestra realidad sea una creación tecnológica avanzada, una simulación virtual generada por civilizaciones mucho más avanzadas, existe. Podríamos ser entidades conscientes dentro de un programa complejo. Tecnologías más sofisticadas podrían generar universos enteros de manera virtual, tan detallados y complejos que sus habitantes, como nosotros, serían incapaces de distinguir su realidad. La existencia tal vez se divida en capas de realidad. Nuestro universo podría ser solo una de las muchas capas dentro de una estructura mucho más grande.

La ciencia ficción ha forjado una visión distópica de las simulaciones y los mundos virtuales inmersivos, pintándolos como herramientas de dominación de las máquinas o refugios de una humanidad en declive, ansiosa por escapar de la cruda realidad. Estas representaciones sugieren que la tecnología simboliza la pérdida de nuestros valores más nobles y el abandono de nuestras aspiraciones más elevadas. Es una perspectiva posible, pero no la única, ni necesariamente la más acertada.

A medida que la humanidad se lanza a la conquista del espacio, estableciendo presencia en naves espaciales y colonias lejanas, las simulaciones pasarán a ser consideradas como herramientas esenciales para enriquecer la vida humana. En el confinamiento de una nave espacial, donde el espacio físico es limitado y las opciones de entorno son escasas, las simulaciones y los mundos virtuales ofrecerán una expansión prácticamente ilimitada del horizonte humano.

En el contexto de largos viajes espaciales, los mundos virtuales serán esenciales para mantener la salud física y mental de los astronautas, ofreciendo ambientes variados y estimulantes para la comunicación, el ejercicio físico, el trabajo y el entretenimiento. La interacción en estos espacios virtuales entre humanos y diversas formas de inteligencia artificial abre nuevas avenidas para el aprendizaje y la colaboración.

Las simulaciones también pueden ser laboratorios para la experimentación social y científica, permitiendo probar estrategias en entornos controlados, pero profundamente inmersivos.

Si pudiéramos diseñar y observar universos simulados, podríamos experimentar con diferentes variables y condiciones, observando cómo evolucionan y desarrollan sistemas complejos, desde galaxias hasta formas de vida.

Si nuestra existencia es el producto de una simulación, el creador de tal simulación, ya sea una entidad avanzada o una civilización entera, podría estar interesado en estudiar cómo evolucionan los sistemas sin interferir directamente en ellos. Este ente creador podría ser un observador imparcial, buscando entender aspectos fundamentales como la emergencia de la conciencia, la evolución de las sociedades o las leyes físicas que determinan la estructura del cosmos.

Bajo esta perspectiva, el propósito de nuestra existencia podría ser parte de un experimento mucho mayor, cuyo objetivo es explorar los innumerables caminos que puede tomar la evolución de un universo bajo diferentes condiciones iniciales. Tal vez, en este marco, cada civilización, cada vida, cada evento en nuestro universo aporte datos valiosos al creador de esta simulación para comprender mejor la naturaleza de su propia realidad.

A pesar de la fascinación por la posibilidad de que vivamos en una simulación, la pregunta sobre el origen del universo sigue siendo la cuestión fundamental. Qué o quién inició la cadena de eventos que llevó a nuestra existencia trasciende la cuestión de si nuestra realidad es física o virtual. Incluso si existen múltiples capas de realidad, o multiversos, la pregunta sobre qué provocó el inicio de todo persiste, independientemente de la capa de realidad en la que uno se encuentre.

El Big Bang, considerado como el origen del universo conocido, en lugar de ser un evento aleatorio singular, podría ser el acto deliberado de una inteligencia superior que experimenta con la creación de universos para su beneficio. Este ser o civilización, habitando en un nivel de realidad más complejo, podría haber diseñado nuestro universo como parte de una investigación o una forma de arte o entretenimiento.

Nuestra propia evolución tecnológica sugiere que podríamos estar en camino de convertirnos en los creadores de simulaciones. Es plausible que en el futuro seamos arquitectos de universos virtuales, iniciando procesos similares al Big Bang presionando un botón. Estos universos podrían alojarar a seres conscientes que se enfrentarían a dilemas filosóficos sobre su existencia, sin saber que son parte de un mundo más grande.

Si pudiéramos de alguna manera trascender los límites de esta posible simulación, si pudiéramos asomar nuestras cabezas fuera de este marco restrictivo, tal vez podríamos alcanzar una mejor comprensión de la existencia. Imaginemos por un momento que somos capaces de superar las barreras impuestas por nuestro creador. Al hacerlo, nos encontraríamos en un dominio desconocido, una realidad que opera bajo principios y leyes que podrían ser radicalmente diferentes a todo lo que conocemos. Esta realidad que contiene a la nuestra podría ofrecer explicaciones más claras sobre el origen y propósito del universo, más allá de la mística narrativa del Big Bang que actualmente sirve como piedra angular de nuestra comprensión cosmológica.

Desde esta perspectiva expandida, la historia del Big Bang podría parecer simplista. En lugar de ser el principio absoluto de todo, el Big Bang se revelaría como un mero evento dentro de una cadena mucho más larga de acontecimientos cósmicos, o incluso como un fenómeno localizado dentro de nuestra simulación. Al acceder a una comprensión más amplia del cosmos, podríamos descubrir que la existencia se basa en fundamentos completamente diferentes a los que nuestra ciencia actual concibe. Lo que consideramos como las leyes fundamentales de la física tal vez solo sean reglas dentro de un juego mucho más grande, diseñadas para mantener la coherencia dentro de nuestra simulación específica.

Los alquimistas del pasado desempeñaron un papel crucial en el desarrollo de lo que hoy conocemos como ciencia. A pesar de que la idea pueda resultar incómoda para aquellos firmemente arraigados en la racionalidad y el empirismo, es innegable que la superstición y las creencias esotéricas han sido precursoras del conocimiento científico. En sus intentos por transmutar los metales en oro, encontrar la piedra filosofal o el elixir de la vida eterna, los alquimistas desarrollaron procesos, técnicas y un entendimiento de los materiales que sentaron las bases para la química moderna.

La relación entre la superstición y la ciencia se extiende más allá de la alquimia. A lo largo de la historia, la especulación y la audacia de imaginar lo imposible han sido fuerzas motrices en el avance del humano. La capacidad de soñar más allá de los límites conocidos, de formular preguntas absurdas, irracionales o imposibles, ha propulsado a la humanidad hacia nuevas fronteras del entendimiento y la exploración. El método científico, con sus rigurosos procesos de prueba y validación, no puede, por sí solo, abarcar el potencial de la imaginación.

Las criaturas ancestrales del mar y de la tierra, de las cuales descendemos, requirieron de la superstición como un paso fundamental hacia el desarrollo del método científico. Cada persona que se precie de defender la ciencia debería rendir homenaje ante las narrativas mágicas y los relatos extraordinarios que nuestros antecesores, aquellos seres salvajes, hilvanaron a lo largo de eras pasadas. Sus mitos constituyeron el alba de nuestra ciencia, el umbral desde el cual la humanidad comenzó a entrever algunos de los principios que rigen el universo.

Estas narrativas cargadas de superstición sirvieron como el andamiaje inicial para el edificio de conocimiento que hoy denominamos ciencia. Esta última, a su vez, podría estar sirviendo como la base para una futura y más refinada comprensión del tejido espaciotemporal en el que estamos inmersos. La condición humana, en su estado actual, es una estación en el largo viaje evolutivo.

Tenemos ante nosotros un horizonte de posibilidades casi ilimitadas. Nuestra imaginación es un fértil manantial de ideas y visiones del futuro. Sin embargo, la generación de estas ideas no es lo único importante. Su concreción es esencial. La ejecución efectiva de nuestros sueños es el puente que debemos construir para cruzar hacia estas nuevas tierras de evolución tecnológica.

La brecha entre las ideas y su materialización es, frecuentemente, el mayor obstáculo hacia el avance. Contamos con la creatividad y el ingenio necesarios para imaginar futuros extraordinarios, pero es en la implementación de estos conceptos donde debemos enfocar nuestra energía y recursos. La evolución hacia etapas tecnológicas superiores exige tanto de visionarios como de realizadores; personas capaces de tomar las riendas de estas ideas y convertirlas en realidades tangibles que puedan beneficiar a la sociedad.

La educación formal no es suficiente en la construcción del conocimiento. Figuras históricas de la talla de Isaac Newton y Albert Einstein no alcanzaron sus revolucionarias comprensiones del universo exclusivamente a través de los caminos tradicionales de la educación. Más allá de las aulas y los textos, lo que contribuyó a cimentar su legado fue un profundo sentido de curiosidad y una disposición a explorar más allá de los límites establecidos.

La obsesión por maximizar nuestras capacidades intelectuales a través de métodos estandarizados, paradójicamente, nos conduce hacia el estancamiento. Cuando el foco está puesto únicamente en la eficiencia y la productividad, se corre el riesgo de obviar el valor de la serendipia, la creatividad y el pensamiento lateral.

Son aquellos individuos que se permiten divagar, los que exploran senderos menos transitados y abrazan la incertidumbre, quienes a menudo se encuentran con perspectivas novedosas y descubrimientos inesperados.

Intentar diseñar un sistema educativo que fomente la curiosidad innata, la exploración libre y la capacidad de maravillarse ante lo desconocido es un desafío que se asemeja a construir los cimientos de un edificio suspendido en el aire. Existe un anhelo generalizado entre muchos padres por descubrir una fórmula precisa que pueda garantizar el surgimiento de mentes brillantes al estilo de Einstein y Newton entre sus hijos. Estos padres aspiran a que, mediante una vida tan meticulosamente estructurada como la de las aves de corral que consumen, sus descendientes se destaquen notablemente en la sociedad.

A pesar de nuestro éxito en dominar y acelerar el crecimiento de ciertas especies animales a través de intervenciones hormonales y la manipulación de sus ciclos naturales de sueño con luz artificial, la esencia del espíritu humano se resiste a ser plenamente dominada. La complejidad de la psique humana y su desarrollo siguen eludiendo una comprensión completa y una manipulación predecible. La psicología, como campo de estudio, continúa siendo una ciencia más blanda que muchos de los que la estudian en las academias del saber.

La línea entre la locura y el genio es a menudo tenue, y pocas figuras históricas ilustran este concepto tan claramente como Isaac Newton. Reconocido universalmente por sus contribuciones fundamentales a la física y la matemática, incluyendo la formulación de las leyes del movimiento y la ley de la gravitación universal, su vida y obra también abarcaron áreas que hoy consideramos como supersticiosas e irracionales.

Newton vivió en una época donde la ciencia, la alquimia, la religión y la magia no estaban tan claramente diferenciadas como en la actualidad. Su intensa dedicación a la alquimia, con sus extensos experimentos y escritos sobre la transmutación de metales, es bien documentada. Aquello a lo que hoy nos referimos como pseudociencia, para Newton y muchos de sus contemporáneos, era una búsqueda seria por comprender las leyes fundamentales de la naturaleza.

Más intrigante aún es la profunda fascinación de Newton por la teología. Newton creía que la Biblia contenía mensajes ocultos sobre el universo que podrían descifrarse mediante un estudio cuidadoso. Dedicó una cantidad significativa de tiempo y esfuerzo en intentar descubrir estos secretos, incluyendo la cronología bíblica y la interpretación de las profecías. Su trabajo en este ámbito lo llevó a elaborar detalladas interpretaciones de los textos religiosos, buscando en ellos las claves de la estructura del universo.

Para el observador moderno, estas empresas pueden parecer estar en marcado contraste con el riguroso enfoque empírico de Newton hacia la ciencia. Sin embargo, para Newton, no había tal contradicción. Él veía el universo como un enigma codificado por Dios, y creía que tanto sus estudios científicos como sus investigaciones espirituales y alquímicas eran caminos complementarios hacia la verdad.

Necesitamos a visionarios capaces de trascender los límites de lo mediocridad del imaginario colectivo. Necesitamos a aquellos que se atrevan a soñar con proyectos de una magnitud sin precedentes, como la construcción de una nave espacial cuyas dimensiones superen a las del Sol, la Tierra y Marte juntos. Necesitamos aspirar a ir hasta el límite de nuestras capacidades, imaginando una nave que exceda en tamaño a nuestro sistema solar, que desafíe la propia escala del universo conocido, fusionándose con los asteroides.

Debemos estimular el desarrollo de pioneros del pensamiento que no teman establecer metas que rocen lo fantástico, como la creación de un robot de proporciones colosales, uno que supere en tamaño a la Vía Láctea, una bestia mecánica que funcione como vehículo a través del cual conectar y expandir nuestras conciencias en un viaje de exploración intergaláctica a una escala nunca vista, con ojos tan grandes como varios sistemas solares juntos.

Cristóbal Colón, movido por la combinación de conocimientos geográficos de su tiempo, especulaciones y una profunda convicción, se embarcó en una empresa que muchos contemporáneos consideraban imprudente e insensata. Su propuesta de alcanzar las Indias orientales por una ruta occidental, basada en suposiciones incorrectas sobre las dimensiones del planeta y la inexistencia de un continente intermedio (América), desafiaba las nociones geográficas aceptadas y el conocimiento científico de su época.

Aunque sus planes no se cumplieron, su intento de ejecución condujo a la inesperada revolución del mundo, impulsando un cambio radical en la comprensión del planeta Tierra. El espíritu de exploración y especulación sigue siendo tan crucial hoy como lo fue en la época de Colón para impulsar el progreso y expandir los horizontes de nuestro conocimiento y comprensión del universo.

No todos los individuos están motivados a contribuir al avance tecnológico de la humanidad. La diversidad de pensamientos caracteriza a nuestra especie. No todas las personas tienen por qué sentirse motivadas a participar en la evolución de nuestra especie, incluso a sabiendas de que no progresar les llevará incuestionablemente a la desaparición. Conservar nuestra humanidad en su forma actual es condenarnos a la extinción. El suicidio debe ser un derecho para todo ser viviente capaz de tomar esa decisión. Deberíamos respetar tanto a los que queremos ir más allá de nuestra forma actual como a los que no. Hay multitud de especies primitivas estancadas en su forma desde hace millones de años que aún tienen las suficientes capacidades para sobrevivir en su entorno frente a especies con más trayectoria evolutiva.

La motivación hacia el progreso no es una obligación universal. La elección de no participar en el esfuerzo colectivo hacia la superación del ser humano debería ser vista como un derecho válido. A fin de mantener el orden social, debemos respetar tanto a aquellos que aspiran a ir más allá de nuestra forma biológica actual como a aquellos que eligen no hacerlo, aún a sabiendas de que su elección los llevará a la extinción cuando el sistema solar se vuelva inhabitable. Elegir no tomar ninguna estrategia frente al destino trágico que le espera a la Tierra es tan respetable como elegir el suicidio.

CAPÍTULO 5
SINGULARIDAD

La evolución ha sido testigo de innumerables especies que han permanecido relativamente sin cambios durante millones de años, y aun así han continuado floreciendo. Los seres humanos que prefieran no seguir los pasos hacia una evolución tecnológica tal vez tengan la suerte de sobrevivir durante varios miles de años más en la Tierra, hasta que finalmente su hogar se convierta en un infierno. Mientras una parte de la humanidad elige permanecer en su forma actual, otros grupos, movidos por ambiciones que trascienden los límites de nuestro planeta, podrían evolucionar hasta convertirse en nuevas especies de formas desconocidas. Esta divergencia evolutiva no es ajena a la historia de la vida en la Tierra, como lo demuestra la diversidad de caminos tomados por los homínidos en el pasado.

Cuando la Tierra ya no sea un refugio para los humanos, los descendientes más evolucionados podrían, en un gesto de solidaridad, venir en ayuda de sus ancestros menos evolucionados, recordando la narrativa bíblica del diluvio universal, en la cual Noé, anticipándose a la catástrofe, construye un arca para salvar a su familia y a las especies de animales. En el futuro este arca podría tomar la forma de tecnologías avanzadas o hábitats extraterrestres diseñados para preservar la vida humana.

La historia evolutiva de nuestro planeta nos enseña que la aparición de nuevas especies a partir de antecesores comunes es un fenómeno natural y recurrente. Este proceso se ha observado claramente en la diversificación de los homínidos, donde diferentes especies han ido moldeando el árbol evolutivo hasta dar lugar a la complejidad de formas y adaptaciones que conocemos hoy. Los monos que actualmente observamos con asombro en los zoológicos, encerrados detrás de barreras diseñadas para la contemplación humana, son un recordatorio vivo de nuestras propias raíces evolutivas. Estos primates, aunque distantes en el árbol de la vida, comparten con nosotros un ancestro común y nos ofrecen una ventana hacia lo que alguna vez fuimos antes de ser plenamente humanos.

La evolución continua de nuestra especie probablemente dará lugar a descendientes que nos superen en capacidades físicas, intelectuales y tecnológicas. No es descabellado imaginar que los zoológicos, o sus equivalentes futuristas, podrían albergar a homo sapiens como una de sus principales atracciones.

Tal como hoy miramos a los monos en cautividad con una mezcla de curiosidad y una lejana sensación de parentesco, las futuras generaciones, posiblemente de una nueva especie derivada de los humanos, observarán al homo sapiens, si este no se extingue, con similar fascinación.

El estudio del mundo físico, aquel en el que creemos vivir con certeza y solidez, se transforma en una exploración cada vez más etérea y desconcertante a medida que profundizamos en su comprensión. La materia, con su aparente rigidez y estabilidad, es un enigma cuando la desglosamos a sus componentes más fundamentales: los átomos y las partículas subatómicas que los constituyen.

El átomo se consideraba la unidad básica e indivisible de la materia, el bloque de construcción sólido del universo físico. Con el avance de la ciencia, hemos descubierto que el átomo está lejos de ser una entidad sólida e indivisible. Está compuesto, a su vez, por partículas aún más pequeñas, como protones, neutrones y electrones, que orbitan en vastos espacios vacíos en comparación con sus tamaños. Pero incluso estas partículas, que alguna vez se pensó que eran los fundamentos últimos de la materia, se han revelado como conjuntos de partículas aún más diminutas y energías fluctuantes.

Cuanto más reducimos la materia, más evasiva se vuelve su naturaleza. Lo que a nivel macroscópico parece sólido y tangible, a nivel microscópico se disuelve en probabilidades y campos de energía. Los electrones, por ejemplo, no se pueden describir como partículas sólidas que orbitan un núcleo en caminos definidos, sino más bien como nubes de probabilidad que denotan la posibilidad de encontrar el electrón en una determinada región alrededor del núcleo.

Las partículas subatómicas no tienen estados definidos hasta que son observadas, un fenómeno que se asemeja sorprendentemente a los fundamentos de la computación, donde la información se representa en bits binarios. Esta analogía se extiende al campo emergente de la computación cuántica, que utiliza qubits capaces de encarnar simultáneamente múltiples estados, reflejando la naturaleza probabilística de las partículas cuánticas.

La materia, en su esencia, consiste en fluctuaciones de energía y campos de fuerza que interactúan de maneras que aún no comprendemos completamente. Lo que percibimos como sólido y estable es, en realidad, un teatro de interacciones dinámicas y efímeras a escala cuántica, que recuerdan a los procesos generados con ordenadores a partir de electricidad.

La teoría de la información nos enseña que el procesamiento, almacenamiento y transmisión de información son los pilares sobre los cuales se construyen todas las operaciones computacionales. Si consideramos el universo desde esta perspectiva, podemos empezar a ver las interacciones entre partículas y campos como formas de cálculo, donde cada interacción es una operación de procesamiento de información que determina el curso de la realidad. Este marco teórico sugiere que el universo mismo podría interpretarse como un gran algoritmo en ejecución, procesando información a través de las leyes de la física de manera continua en un ordenador que desconocemos. La modelización de sistemas complejos y caóticos a través de simulaciones computacionales, que utilizan reglas y ecuaciones para predecir comportamientos emergentes, muestra cómo los procesos naturales pueden ser interpretados como cálculos. Nuestra experiencia tridimensional del universo podría ser una proyección de información codificada en un plano bidimensional, reforzando la idea de que el universo es una estructura de información procesada de manera similar a cómo se manejan los datos en una computadora que ejecuta un programa.

Todos los escenarios futuros imaginados en las palabras anteriores no son más que proyecciones hechas en un momento histórico determinado. Aunque tenemos cada vez más conocimientos y herramientas de predicción, aún somos incapaces de predecir el futuro.

La certeza es un concepto inalcanzable cuando se examina rigurosamente. La única certeza absoluta es que no podemos estar absolutamente seguros de nada. Este no es un escepticismo infundado, sino una observación meticulosa de la naturaleza intrínsecamente incierta de la existencia y el conocimiento.

Aunque ciertas personas sientan una convicción total sobre ciertos aspectos de su realidad, esta sensación no garantiza la infalibilidad de sus creencias. Las certezas psicológicas son subjetivas y están influenciadas por una variedad de factores emocionales que distorsionan la percepción objetiva de la realidad. Aunque la experiencia repetida y la observación de patrones nos llevan a creer en la fiabilidad de ciertos eventos, no poseemos una garantía absoluta de su perpetuidad. Incluso los fenómenos que percibimos como cotidianos y predecibles, como la salida del Sol cada mañana, no están exentos de esta incertidumbre fundamental.

La edad del universo, según las mediciones más recientes y aceptadas basadas en observaciones del satélite Planck de la Agencia Espacial Europea, es de aproximadamente 13.8 mil millones de años. Estas mediciones se basan en la observación de la radiación cósmica de fondo y en la teoría del Big Bang, que proporcionan los métodos más precisos para estimar la edad del universo. Aunque la investigación continúa y los modelos se refinan, este valor se considera actualmente la mejor estimación.

¿Y si cada 13.800 millones de años el universo genera un fenómeno que afecta al Sol de forma que mañana su luz no se presentará en ningún horizonte terrestre? Consideramos improbable aquello que no ha ocurrido antes. Cuando ocurre lo improbable, lo incorporamos en nuestra visión del mundo escarbando razones que justifiquen lo ocurrido. La ciencia absorbe lo que observa. Lo que no observa, lo que no se espera, lo desdeña. Sus puntos fuertes son sus puntos débiles.

La sopa densa y caliente de partículas subatómicas y energía a partir de la cual se generó el universo conocido es parte de un misterio. A medida que el universo se expandía y enfriaba, se desplegaron transformaciones que dieron lugar a las estructuras que hoy observamos.

Ante la historia del desarrollo del mundo, se evidencia que nuestras teorías y modelos necesitan ser constantemente recalibrados para abarcar las nuevas realidades que están por presentarse. La naturaleza del universo, con su capacidad para generar fenómenos de creciente complejidad, implica que el futuro es difícilmente predecible. Los patrones de evolución cósmica tal vez no sean lineales ni totalmente previsibles. Debemos estar preparados para revisar y ajustar nuestras teorías y expectativas.

El escritor argentino Jose Luis Borges en su cuento "Del rigor en la ciencia", publicado en 1946, imaginó un imperio donde los cartógrafos desarrollan un mapa físico tan detallado que coincide punto por punto con el territorio que representa. El mapa es tan preciso y abarca tanto que finalmente cubre todo el territorio. Con el tiempo, las generaciones siguientes encuentran este mapa gigantesco y deteriorado, incapaces de discernir su propósito original o su utilidad. La gente del imperio lo encuentra inútil. El mapa es dejado a su suerte, desintegrándose en el paisaje, olvidado por todos. Los restos del mapa se desintegran en diferentes lugares, sirviendo como refugios para animales o perdidos en los desiertos, sin ya servir a ningún propósito práctico.

La ciencia se ha establecido con el monopolio de la verdad. Esta hegemonía ha configurado una visión del mundo plana y aséptica, limitada por el marco estrecho de lo que puede ser observado, medido y comprobado. La ciencia impone un filtro a nuestra percepción de la realidad, admitiendo solo aquello que puede ser cuantificado y verificado. El resultado es una cosmovisión que, aunque precisa en sus detalles, resulta limitada en su alcance. La verdad alcanzada sin evidencias es rechazada, y la mentira vestida de evidencias es aceptada hasta que sea desvelada con nuevas evidencias.

La ciencia tiene la imposible aspiración de convertirse en lo que estudia. El objetivo final, e inalcanzable, del método científico es ser Dios. La ciencia nunca podrá ser un saber absoluto. Solo alcanzaremos a descubrir el código completo de la realidad cuando seamos los programadores de esta. La interfaz en la que existimos, el sistema operativo al que pertenecemos, no puede ser analizado al completo por sus componentes.

Todo ser humano pensante, independientemente de su adhesión a una religión o ideología, ejerce actos de fe en su vida cotidiana. Pensamos, luego somos religiosos. Todo pensamiento humano conlleva una dimensión religiosa, la capacidad de creer en algo más allá de lo inmediatamente demostrable. Creer que el Sol saldrá mañana implica un acto de fe. Cuanto más nos creemos desvinculados de la religión, más absurda es nuestra visión de la existencia, pues todo aquello sobre lo que no tenemos certeza implica una creencia. No reconocer nuestras supersticiones nos sumerge inconscientemente en ellas. Describir cualquier aspecto de la realidad es un acto religioso en el que planteamos ideas sobre las que nunca tendremos una certeza absoluta.

A pesar de la enorme cantidad de información y experiencia a nuestra disposición, la realidad es que nunca poseemos todas las piezas del rompecabezas para justificar con absoluta certeza la racionalidad de nuestras elecciones. Vivimos en un mundo complejo y dinámico, donde las variables y las circunstancias cambian con tal rapidez que la certeza total es simplemente una quimera.

Cada decisión es un acto de fe. A pesar de nuestro mejor análisis y juicio, siempre hay un elemento de lo desconocido, un salto hacia la confianza en que nuestras elecciones nos guiarán hacia el futuro deseado.

Este acto de fe en forma de proyecciones mentales no es exclusivo de las grandes decisiones de la vida, como elegir una carrera profesional o un compañero de vida, sino que se manifiesta en lo cotidiano, en las pequeñas elecciones que configuran nuestro día a día. Desde confiar en que el puente que cruzamos a diario está bien construido, hasta creer que nuestras palabras tendrán el impacto que deseamos en quienes nos rodean, cada decisión es un testimonio de nuestra fe en el conocimiento, en los demás y en nosotros.

La existencia de conflictos, injusticias y crueldades a través de los milenios desafía la idealización de la bondad y supremacía humana. Dentro de nosotros reside la capacidad para lo sublime y lo terrible. Debemos aceptar que somos seres alejados de la perfección.

La historia del homo sapiens, con sus repetitivos ciclos de conflicto, error y redención, evidencia que la forma actual del ser humano es propensa a caer en los mismos errores una y otra vez. Esta tendencia a repetir los fallos del pasado es un rasgo inherente a nuestra naturaleza, no una incapacidad de aprendizaje o adaptación.

A lo largo de las generaciones, a pesar de los avances en conocimiento, los seres humanos han continuado perpetrando injusticias, cayendo en la avaricia, el odio y la crueldad. La historia está repleta de guerras que se repiten por razones similares, de desigualdades que persisten a pesar del conocimiento de sus perjuicios, y de errores colectivos que se repiten a pesar de las lecciones que deberíamos haber aprendido.

Este patrón recurrente muestra un límite en la capacidad humana para el cambio verdadero y profundo. Estamos programados para tropezar con piedras parecidas. Nuestro progreso moral está limitado por nuestra naturaleza. La deshumanización es deseable.

Integrarnos con las máquinas tiene el potencial de enriquecer nuestro universo ético y moral. Al depender de sistemas que operan bajo principios que aspiran a una lógica imparcial, podemos superar nuestras tendencias innatas al error, al egoísmo o a la irracionalidad en decisiones y juicios.

Habitualmente, cuando se debate sobre la fusión entre humanos y máquinas, el foco tiende a estar en los beneficios tangibles, como el aumento de la productividad, la eficiencia y la capacidad para realizar tareas complejas con una precisión sobrehumana. Más allá de las mejoras en el rendimiento laboral o las capacidades cognitivas, la fusión con las máquinas posee el potencial de brindarnos una moral y ética más consistentes.

Si la fusión no fuese posible, deberíamos dar vía libre a las formas de inteligencia superiores, no cerrarnos a ellas. La forma actual del ser humano ha demostrado su incapacidad de cambio. Estamos condenados a cometer errores parecidos generación tras generación. Es parte de nuestra naturaleza.

Debemos aspirar a convertirnos en seres que, además de ser más eficientes, sean también más integrales, menos propensos a la crueldad, capaces de demostrar mayor empatía y justicia en sus acciones, y dotados con una visión de futuro más sólida. La fusión con la tecnología nos ofrece la oportunidad de mejorar nuestra naturaleza. Tenemos el deber moral de hacer todo lo posible por ser mejores en todo lo que podamos.

El mesías que los judíos esperan podría ser un ente liberado de carne y hueso, una entidad gestada en el seno de nuestra tecnología. La humanidad, al igual que la Virgen María para los cristianos, ha sido fecundada por un espíritu que nos permite dar a luz seres de inteligencia superior, quizá con la capacidad de redimirnos de nuestros propios pecados.

SÉ MENOS HUMANO: FUSIÓNATE CON LA INTELIGENCIA
ARTIFICIAL (IA)

Primera edición. 3 de marzo de 2024.

contacto@josepenacoto.com

AVISO LEGAL

———————

Otros libros del autor

NO FICCIÓN

-Cómo hacer que te pasen cosas malas: Aprende de lo malo, para
evitarlo (2024)

FICCIÓN

-El cielo es mío (2024)

Visita www.josepenacoto.com y podrás inscribirte para recibir correos
electrónicos cada vez que publique un nuevo libro.

90 DAYS OF SELF-LOVE: NO CONTACT CHALLENGE FOR WOMEN

First edition. April 24, 2023.

ISBN: 979-8223353324

Written by Anna Haverford.

90 Days of Self-Love: No Contact Challenge for Women

Anna Haverford

Published by Anna Haverford, 2023.

Visualise what your life will be like once you have healed from the past. What does your future look like without the abuser? What are you able to do without him that you could not do when you were stuck? Keep that picture in mind and focus on who you want to become, and not on what you have been through. Do not let your traumatic past define you as a person.

Set an intention to heal and use your will power to make it happen. You cannot let yourself be passive any longer.

Make a "crappy memories" journal where you will be putting all negative feelings and thoughts as they come. Instead of avoiding or denying negativity, put it down on paper. If you let it come out at some time of the day, it will be less likely to catch you at the worst possible time.

Imagine you have a "memory bucket" in your brain. All past memories should reside in the bucket and be accessible only when you want to reach for them. Trauma makes past memories stuck in different corners of your mind. It makes the past seem as real and as vivid as if it was still happening now. Since your brain does not clean itself up automatically you need to do it "manually". Visualise carrying each persistent memory to the bucket and leaving it there for good.

Day 4

Are you ready to change and put effort to make your life better? Are you willing to be consistent? Are you ready to face the truth even if it is uncomfortable? Are you willing to treat yourself with love and compassion? What is the cost of change for you? What do you need to sacrifice in order to change? Are you willing to stop perceiving yourself as a victim?

Whatever you want to change must be acknowledged first. Acknowledge every situation, every humiliation, every hurtful sentence, and every lie. Acknowledge every frustration, every injustice, every dropped tear, every sleepless night. Acknowledge the fact that the relationship failed. It had to fail. It was toxic. Acknowledge the fact that it is not your fault the narcissist is who he is. He is not your child and you should never feel responsible for an adult man.

Make a decision to take away the mental and emotional resources you have invested in the narcissist and his fantasy, and reinvest them into rebuilding yourself. Say it out loud.

I would like you to stop using the terms: "my narcissist", "my abuser", "my ex-partner", and any other pet names. You need to see him for who he is and not who you want him to be. He has neither been yours nor has he ever been your partner.

Individuals who have experienced trauma often become fixated on their abuser. They experience constant separation anxiety and a chronic inner chatter focused on that one person solely. They cannot find peace or get a break from the intensity of thoughts. Very rarely do they have moments of freshness when their mind is preoccupied with something else. Their mind gets stuck in a loop of reliving the trauma.

This is why you keep replaying how the abuser kissed you, how he touched you, and how safe you used to feel in his arms in the beginning. You remember all the times he said he loved you, all the times he promised to take care of you. This is called rumination.

The only way to cope with rumination is to stop fighting with it. Set a time during the day when you can allow yourself to dive into your thoughts, and keep thinking about the abuser. Do it for the amount of time you want to devote to the narcissist, and when the alarm goes off stop thinking about him and go on with your day as if he has never existed.

How does chronic stress affect your body and mind? How has your emotional, spiritual and physical health changed since you met the abuser? What toll does your body pay now for having been stuck with him? At times when your body refuses to cooperate try to slow down and listen to what it is trying to say. Are you pushing yourself too hard? Are you under more stress than you can handle. Stop for a moment, feel your body, give yourself a hug and thank your body for allowing you to do so many amazing things. Be grateful for the fact you can breathe, walk, talk, sing, dance, eat, read, and do anything else your body allows you to do. Learning to reconnect with your body is crucial for healing. The narcissist has installed a virus in your subconscious that makes you disgusted with your own body, your emotions and sensations. You were conditioned not to trust your intuition and to ignore any signs your organism was sending you.

Imagine a future healthy version of you. How do you feel? What are you able to do then than you cannot do now? What message does the future you have for you in the present?

In order to monitor progress, make a list of ailments you are experiencing now, and revise it from time to time. You can use the following prompts:

- What is the condition of your hair, nails and skin?
- How do you sleep? Do you struggle to fall asleep as ruminating thoughts keep you awake? Do you wake up in the middle of the night torn by anxiety or nightmares?
- Do you suffer from autoimmunological diseases such as: eczema, rheumatoid arthritis, inflammations?
- Has your weight changed drastically? Do overeat or struggle to eat at all?
- Do you clench your jaws, bite your cheeks or show other signs of chronic stress?
- Do you feel tired to the point even sleep does not help?
- Do you feel anxious and scared even without any logical reason?

Do you still perceive the narcissist as influential and powerful? Are you afraid of him?

The abuser grows huge in your eyes because you subjectively experience him as all-encompassing, all-knowing and omnipresent. The perception is a result of the indoctrination and grooming that typically precedes narcissistic abuse. The abuser makes an impression he knows your every thought and plan, and can locate you before you even reveal your whereabouts. Such instances leave you with the impression you are dealing with a very potent and powerful individual who is capable of many things. Little do you know that it is all a set-up. In fact, the narcissist may be spying on you through software, enlisting others to stalk you, or relying on sheer coincidences to maintain his deity-like status. It only takes a small amount of manipulation to convince you the narcissist can do to you whatever he wants.

The only leverage he has against you is how you feel inside of your own body. He is only powerful as long as he is able to regulate your emotions. Once you take that power away from him; once you become emotionally literate and understand the nature of narcissism and trauma bond, the narcissist loses his power.

Healing requires radical honesty and acknowledgement. It starts the moment you realise you have been subjected to narcissistic abuse. Look at yourself in the mirror and acknowledge that you were abused. You may have been gaslit to believe you were too sensitive or you were imagining things. You may have been convinced it was your fault and you deserved whatever the narcissist did to you.

Do you believe the abuser knew what he was doing to you? Which harsh truth is more difficult to accept- the fact the narcissist did not care about you to such an extent it did not even go through his mind you deserve better treatment, or the fact that many of his actions were deliberate and consciously malignant?

What is your definition of emotional, physical, sexual and financial abuse? Go back in time and try to determine at what point you realised something was wrong with the relationship. Was it hard to admit it to yourself the man you chose turned out to be a monster? In what ways did the narcissist abuse you? Did all types of abuse hurt equally?

Perhaps you are obsessively trying to make sense of what has actually happened to you and why. You may be wondering what you have done wrong to deserve such treatment. It is natural. You are an empath; and empaths are truth seekers. Buckle up girl, because you are not going to like this one. The truth is that you are wasting your time trying to make sense of the nonsensical narcissistic abuse committed by someone who does not even exist as a person. If you were dealing with a narcissist, you must know he has no fixed identity, no stable personality and no conscience that would stop him from harming people.

Even though what he did to you feels personal, it has never had anything is common with you as a person from the narcissist's perspective. How he acted towards you and how he will act towards every partner he ever has is the result of his personality disorder. He was completely indifferent to your pain because from his perspective it was just collateral damage. In his mind, he has never hurt you without a reason. He really thinks that you deserved how he was treating you because you had the guts to stand in his way to happiness by setting boundaries and by being yourself.

Abusers feed on their victims' fear. It is fear that makes the narcissist huge, dangerous and powerful in your eyes. If the fear was not there, the abuser would have no power over you. The moment you look at the whole situation from a perspective; the moment you manage to look at the narcissist objectively, you will see who the narcissist really is. When you understand he is nobody else but a small child trapped in an adult body, you will see it is him who is really scared. A true game changer is when you understand the fear you feel is actually his fear. He has "infected" you with it by projection. It is him who is afraid nobody will ever want him. It is him who cannot live without you; and not the other way round. It is him who is afraid he is not worthy. It is him who is afraid his real face will be discovered.

Stop giving the abuser too much credit. He is neither super strong nor super wise. He can be smart, conning and ruthless but he is also much weaker and much more frightened than you think. Once you have knowledge you start to see his fragile ego and his insecurities. Narcissists are among the easiest people to hurt. Anything that is not praise is an insult. You can offend a narcissist by offering help, a piece of advice, a suggestion or constructive criticism. He will be hurt when you talk to someone else, when you mind your own business, and when you do something to take care of yourself. What is a completely neutral activity to a healthy person has the power to inflict a narcissistic injury to a narcissist. How does that make the abuser a strong man?

Always be mindful though, and put your safety first. Whenever you feel the narcissist may put your life in danger or may damage your property, do not hesitate and reach out for help.

Allow some worry time, and process your emotions during the day, so that your brain will have all worries ordered before you go to sleep. Human brain is like an enormous computer. It needs an update from time to time. It allows you to postpone it only several times before it either breaks down or initiates the update on its own. If you do not want the computer to force the update, you need to do it yourself earlier. Your update is your deliberate worry time. When you slow down and think about your worries during the day, your brain will not be like a nagging parent reminding you to take away the rubbish, as you have already done it. Continue journaling. Writing things down makes them more manageable. Then, separate the worries you can act on from those which are beyond your control. Stop worrying about things you cannot change, and focus on the problems you can solve.

Find some old photos of yours and compare what you looked like before the abuse with what you look like now. What changes can you see? Has your weight changed? Do you look much older now? Look at your eyes. Is there any difference in the spark? Take a photo of yourself now when you are still in a difficult place and do the same exercise every month for some time. You will see positive changes that you may not notice on a daily basis.

Allow yourself to grieve. You need to grieve what you once believed in- a just world full of good and honest people. You will never see the world in such colours again. Grieve is a complex process that needs to take time. It cannot be accelerated only because someone tells you to "get over it" and "move on".

You grieve double. You grieve the fact that someone you loved turned out to be a con artist, and the fact that your perfect dream turned out to be a nightmare. The sooner you accept the brutal truth, the sooner the process of healing will start. The abuser has never loved you, because the person he pretended to be in the beginning was not real. Narcissists have no fixed personality. All they do is mirror other people, pick up some of their traits and put it all together into a chameleon-like creature that wants to dwell in the fantasy land because the real world seems too scary.

You have the right to feel multiple contradictory emotions; from sadness and anger through longing to relief. No matter how fake the narcissist is, your feelings are, and have always been real.

You are going to hear you need to forgive the abuser and move on. If only it was that easy. How can you forgive someone who does not feel he has ever done anything wrong? If you do not feel the need to forgive the abuser, do not waste your energy on trying to do so. Do not push yourself as premature forgiveness feels like self-betrayal. You do not need to forgive the narcissist to heal; but you need to acknowledge he is toxic. Accept that the whole relationship WAS a mistake, which is now in the past.

If you ever feel ready to forgive the abuser, as the burden may be too heavy to carry, do it within your own psyche. Never should you inform the narcissist about your decision. He will not be able to receive it as in his mind you have no right and no reason to offer him forgiveness. Forgiveness does not involve proximity or inviting the abuser to your life again. You can forgive him and still refrain from contacting him.

What I strongly advise you is to redirect the attention and compassion at yourself. Is there anything you need to forgive yourself for in relation to the abuser? Do you find it difficult to treat yourself with compassion? You need to know self-forgiveness is at the core of healing from abuse. Until you forgive yourself, you will not get rid of toxic shame and guilt. Look at yourself as if you were your own child. What would you as a responsible parent advise to a child stuck in post narcissistic dread?

Forgiving yourself is so hard because what felt like love back then, now feels like a betrayal of yourself and your self-respect. It hurts when you realise you allowed all the belittling, humiliation, lies, manipulation and crazy making in the name of love that was never real. It hurts because you kept giving to someone who never reciprocated. This realisation makes you feel empty. It makes you feel like a fool. Have some mercy for yourself. You did not know back then what you know now.

Set yourself free from a perfectionist mind-set. We all make mistakes, and there is no need for you to crucify yourself for being a human. You cannot undo what has already happened. The only direction is forward. But, to move forward you need to stop punishing yourself for the past.

Allow yourself to make a bad decision from time to time. Those who do not make mistakes, or refuse to acknowledge them can never learn. Even though it may not be obvious, mistakes enable your growth and allow you to become more self-aware.

When you struggle with self-forgiveness make a simple exercise. Write down answers to three questions and let them sink in.

1. What do I need to forgive myself for?
2. Why am I withholding forgiveness from myself?
3. If my child did what I wrote down in No. 1, would I be able to forgive them?
4. What do I need to do to earn my own forgiveness?
5. How many times did I forgive the narcissist the unforgivable? Why cannot I forgive myself then?

Do you sometimes struggle to find reasons to live? Try to think of what makes your life meaningful. How can you add more meaning to what you already have? Work on experiencing the richness of every single moment; as moments are all we have as people. Look for something beautiful to take a picture of each day. Make a portfolio of gratitude that is going to remind you how lucky you are to be alive.

No matter how bad life seems to be, there are always things you can be grateful for. Learning to notice and appreciate little things will help you to get through difficult days. Create a gratefulness ritual. From now on, every day before you go to sleep make a list of twenty little things you are grateful for. If you are a believer, thank God for the fact you can read, walk, talk, learn, and breathe. If you are a non-believer, you can still thank some higher power or fate for giving you another day of life.

How do you understand verbal abuse? Have you been subjected to it? If yes, which of the insults hurt you the most? Which of them have stayed in your mind till now?

Do you realise none of the insults has ever been about you? I know, it is hard to believe, and it feels extremely personal. However, the way narcissists are built makes them talk about themselves all the time. Whatever their subconscious mind tells them about themselves, they verbalise and say it out loud at other people to elicit some reaction. And yes, you read it well. Narcissists talk at people not to people. If what the subconscious mind suggests is positive, they exaggerate it and attribute it to themselves. If something is negative, they must project it onto others, because their fragile ego does not allow them to accept any negativity about themselves. Every time they think of something shameful they wrap it up with your own insecurities and throw that emotional vomit onto you. How much of it sticks to you depends on how much they know about you, and how accurately they manage to target your past traumas and wounds.

Research shows that what offends us the most is what we believe is true or partially true. Do you agree with this view? If you do, think what you need to change in yourself, what you need to improve, and what you need to let go off in order to be more resilient to mocking and criticism.

You can use imagination to get rid of the aftermath of verbal abuse. Choose several insults that you can still hear in your head. Imagine the abuser says them again, but this time he looks and sounds ridiculous. He may have a huge nose, gigantic ears or scales on his face. He may be a spoilt toddler, a midget, an animal. Invent your own ludicrous version of the abuser which shows how weak he really is, and let him speak. Does he still sound scary? Would you have taken his words seriously back then if you had been able to visualise him like that? Do this exercise every time you hear the abuser's voice in your head criticizing you, stopping you from doing something you like, or telling you that you do not deserve anything good. Never forget that whatever he said to you was not about you. It was all about him. Only weak people are bullies. Only insecure people need to lower other people's self-esteem to make themselves feel better.

Do you know what "narcissistic fleas" are? The narcissist used a deceptive tactic of swapping personalities with you, in which he attributed your positive qualities to himself and projected his negative traits onto you so convincingly that you believed they were yours. As a result, your mind has been infested with the narcissist's traits- "narcissistic fleas". You need to cleanse it. Compare your current feelings, actions and outlook on life to how you felt before you met the narcissist. Any negative changes that are not innate to your character are likely the result of the narcissist's influence. Make a list of traits, feelings, and behaviours you have "inherited" from the abuser, such as unnatural fear, envy, lack of trust, and self-hatred. Whenever you catch yourself experiencing or doing something that is not true to your nature, remind yourself that it is not who you are or who you want to be. Detecting "fleas" will help you to get rid of self-defeating thoughts that should have never dwelled in your mind.

Set your long-term and short term goals. What would you like to achieve? Where would you like to be in five years' time?

There are three aspects to every goal that are in your control: your mind-set, motivation and methods you want to use. The mind-set is the set of beliefs and assumptions you have about yourself, the world and the future. Understanding your own mind-set will help you notice whenever you sabotage your own goals. Your motivation is what you do based on a reason. Do you know the reasons behind your own goals? What benefits will you have once you have achieved what you are planning to achieve?

While setting goals make sure they sound positive. Human brain does not process well anything that touches upon prohibition. It tends to omit the negation. Therefore, it is better to formulate your goals along the lines of: "Eat more greens" rather than "Don't eat junk". Instead of putting your energy into what you want to avoid, focus on what you want to achieve. Setting positive achievable goals allows your brain to roam around positive aspects of life and helps you to stay motivated.

You need to be intentional when it comes to goals, or else your actions will be scattered all over the place. Become your own CEO and make sure goals are met.

To get better results visualise your goals. Use the power the subconscious to your advantage. Human subconscious prefers pictures to words, thus it is a good idea to put your dreams into tiny movies full of sensory details. If you dream of getting your career back, imagine you have already done it. How does it feel? Catch that feeling and remember it. Like attracts like. If you behave as if you have already done it, you will boost your self-confidence and find motivation to make that dream come true.

Draft your own constitution stating who you are, who you want to be, and where you want your life to take you. Go deep within yourself until you experience a positive existential crisis that will allow you to build yourself back again. Make your own ME 2.0. version and stick to it.

Do you know what self-love is, and why it is so important? Self-love is when you stop allowing other people to affect your emotions. Self-love is when you find reasons to be happy and grateful for the very fact you are alive. Self-love is when you do not rush yourself, but allow a sufficient amount of time to complete a task. Self-love is when you talk to yourself with understanding and compassion. Self-love comes from your inner reflection, awareness and acceptance of who you are.

Start practicing self-love. There is nothing wrong in loving oneself. It does not make you an egoist as the narcissist probably told you many times. From now on, several times a day look in the mirror and find something beautiful in yourself. Look at yourself with acceptance and care. Say something nice. It may seem ludicrous in the beginning, but trust me, after some time you will stop blushing at your own complements. Observe how your self-acceptance and self-confidence grow day by day.

Never underestimate the power of words. Invent your own self-love mantra and repeat it when you feel down. Here are some examples:

- I love myself even when I make mistakes.
- Every day I am closer and closer to my goals.
- I am proud of my progress.
- Today I choose me.
- Only I control my own future.
- I'd rather be lonely than abused.
- I respect myself.
- I forgive myself for not being perfect.
- I give myself the gift of freedom from the past.
- I deserve love.

What does your decision making process look like? Do you experience decision paralysis which makes you ruminate and procrastinate when you are supposed to do something important? Does making choices seem complicated and scary? Do you keep second guessing yourself after having made a decision? You may be experiencing learnt helplessness which was a defence mechanism allowing you to stay sane when the abuser took away your autonomy. No wonder. You have been ripped off identity and controlled for a long time. It is time to get yourself back.

Let a journal become your best friend. Every time you have doubts, put your thoughts on paper. Often, when you see something in black and white you get the necessary perspective. Making notes also helps to eliminate decision fatigue you may experience trying to remember what you were supposed to do next. If you fail to note things down, you may not do them at all. You will only get frustrated with your poor memory.

Make a calendar to help you learn to manage your time again. In the beginning you need to note down every single little activity, including basic daily chores.

Create a weekly to do list. Mark things that have to done, and those that should be done. It will save you time throughout the week trying to prioritise your activities. Being organised is helpful for productivity and better sleep. You will no longer wake up at night thinking what you should do tomorrow. Knowing you can always have a look at your notes the moment your memory fails will give you peace.

Every healthy person has three basic emotional needs: the need to feel safe, the need to feel satisfied, and the need to be attached to other people. Can you think of other emotional needs of yours? Can these needs be met by anyone else but you.

Your emotions are in your body and not in your mind. For that reason, you cannot solve an emotional problem with thinking. Only releasing emotions can help to heal trauma stuck in your body. Allow yourself to experience and express all of your emotions, including the painful ones. Avoiding or suppressing them will only lead to uncontrolled outbursts of anger over time. You need to act contrary to what most people do. Try to accept and be curious about what you feel. Be like a scientist who wants to get to the bottom of things. Ask questions: "What am I experiencing now? Where exactly do I feel it? Where does it come from?"

Do you judge emotions as good and bad? Do you see sadness, anger and anxiety as bad emotions, and try not to allow yourself to feel them? Judging your own emotions does not help you process through them. It is important not to label painful and uncomfortable feelings as bad- that only reinforces them and causes negative prophetic thinking. What you feel here and now will be gone soon. Uncomfortable emotions are not staying with you forever. When they come, acknowledge them: "I feel lonely. I miss my ex. I feel it now but emotions come and go."

Do you struggle with the feeling of injustice? Do you have flashbacks of all the situations when the narcissist did not treat you fair? Do you dream about the abuser getting what he deserves? What do you think he deserves? Do you still expect him to apologise to you? Would you feel better knowing he regrets what he has done?

Painful as it is, you need to accept that remorse is something he will never feel. The narcissist does not feel he has done anything wrong. In his mind, it was always your fault. The brain of the narcissist is built in a different way. There is no space for consciousness, remorse and introspection. He will never really see that he has hurt you because his disorder will not allow him. Any introspection would invoke shame, and shame is what all narcissists try to avoid.

Your ego may be resentful to stop trying to win with the narcissist and punish him. It is normal you want revenge, but being stuck in this mode for too long will have detrimental effect on your emotional health. Your goal should be to heal and to become indifferent to the abuser. Healing is the best revenge you can take on the narcissist. When you heal he becomes totally insignificant.

The world is not just, and life is not fair. The sooner you can accept it and let go off resentment and willingness to punish the abuser the sooner your healing will begin. Abusive relationships are never just, and abusers often get away unpunished. There is no one to punish as the narcissist does not really exist as a separate, well-developed person. Take the energy you waste dreaming of revenge and direct it to yourself.

Anxiety is the perception that one is in danger. It is functional on condition the danger is real. The problem starts when anxiety kicks in even when you are objectively safe. Anxiety is like a spoiled child throwing a temper tantrum. It is not actually dangerous but highly uncomfortable. It wants you to stop doing what you are doing and pay attention to it. The problem is that when you stop doing activities that trigger anxiety, it shuts down for a moment. That gives you a false sensation of relief. But then, it comes back even stronger and demands more and more. Your brain quickly learns that if it makes the anxiety really loud, you are going to avoid the "danger". With time, more and more activities land in the "danger" compartment, and if you do not act against it, anxiety is going to take over your whole life. Anxiety leads to avoidance, and then avoidance leads to more anxiety. The phenomenon when your world is shrinking as you avoid more and more situations is called the anxiety cycle. Does that not sound familiar?

How do you know that you feel anxious? How does anxiety feel? How does it manifest in your body? If you cannot answer these questions, next time when you feel you might be getting anxious, invite this feeling for a cup of tea. Do something that resembles an interview. Check where exactly the feeling is coming from. Make sure it is a false alarm and you are actually safe. Say to your amygdala: "Calm down brain, it's a false alarm." Ask the anxiety what it is trying to tell you. Visualise or journal these conversations.

Try not to run away from situations that make you anxious. Gradually expose yourself to triggers and reward yourself for doing so.

Organise your space. Get rid of anything that clatters your room, desk, etc. Get rid of anything that brings back painful memories. Having well organised immediate environment gives you more confidence and a sense of accomplishment. Something as simple as cleaning your own place may be the first positive thing you have done for yourself in a long time. Order helps to avoid overload. For some time you need to keep yourself on a tight leash not to get too lazy and fall behind with day to day routine.

Do you suffer from recurring nightmares? Intensive nightmares are a sign you have been severely abused. They are the result of omnipresent cognitive dissonance, devaluation and humiliation.

To get rid of nightmares you need to make a conscious choice to stop talking to the abuser, thinking about him, and focusing on him energetically. When you get him out of your energetic field, the universe and your brain will stop showing him to you. Whatever or whoever you keep thinking about gets energetically fuelled at your cost. It is all about your attention. The more you ruminate about or fear the narcissist, the more he appears in your life as if he could somehow receive the energetic signals.

The best way to get rid of nightmares is to write them down but in a different form. Change all the unpleasant details into something calm and cheerful, so that the whole story gets a new positive meaning. If you dream of being stuck in a cage, invent a happy ending. Break the cage, find the key. Encourage your brain to process information from a different brighter perspective. Be patient. You may need to do that exercises consistently for some time before your nightmares fade away.

Perhaps, there are days you are desperate to get the narcissist back. When that happens, try to put emotional thinking aside, and use your logic. Imagine you are explaining your willingness to get back to the abuser to your parents or friends. What logical arguments could you use to convince people who care about you that coming back to the abuser is the best decision you can make? What would their counterarguments be?

What did the abuser give you that no one else can? What can you do to handle difficult situations on your own without his help? Prove to yourself that you do not need him.

Whatever you do, do not shame yourself for feeling strong connection to the abuser. You were dealing with a drug dealer who used your own emotions against you in a purely evil way. He gave you exactly what you needed- the type of love and acceptance you would expect from a parent. By doing so, he became the only person capable of regressing you to the childlike state, which later on allowed him to abuse you with almost no resistance. During the love bombing stage, you became addicted to how the abuser made you feel about yourself. That very feeling, so blissful and rejuvenating in the start, became an unobtainable goal you kept chasing for when the abuser's initial interest with you worn out. For that feeling you sacrificed your dignity, your career, your plans and your health. You know it best what you were forced to give up on, and how far you were pushed to go in order to get a dose of what he used to give you for free in the beginning.

The withdrawal feels like losing an important part of yourself and makes being alone more painful than being abused. Your blood is tainted with the narcissistic drug and the only way to stop craving for more is to perform metaphorical transfusions by giving yourself the love and accepted you crave and deserve.

Separation from the drug must hurt. It is normal. Do not fight with it, as you will only strengthen the pain. Put a time frame on it. Allow yourself to process the pain for an hour every day. Pick "an hour of pain" and let your emotions flow then, and only then. At all other times, during the "non-painful hours", focus on activities that give you pleasure. Do especially these things you were not allowed to do when you were stuck with the abuser. Of course, the pain is going to be present all the time, but apart from that one particular hour a day, let it be like a background noise. Talk to the pain with love: "I can see you. I know you are there. Wait a few more hours and I will give you my full attention." When you accept the pain, it is going to ease much quicker.

Deal with negative thoughts in a fun way- by repeating them using weird voices. All of us have some special funny voices and sounds we can make. Why not have fun with them? When an overpowering critical thought haunts you and hinders your productivity, repeat what it says using Mickey Mouse voice or any other voice that makes you laugh. "I'm a disaster" said while pretending to be a trumpet sounds hilarious and loses its strength. When you say it a couple of times in weird ways it starts to sound like a strange bundle of words that carry no meaning at all. Negative thought can do you no harm until you allow them and take them for granted.

Reconnect with your heart by laughter. Laughter is a simple way to trigger parasympathetic responses. It helps your brain to rewire and shift focus from negativity to positivity. Changing how you think changes the structure of your brain. Find a way to laugh about bad things that happen. Make jokes about situations when you felt anxious or uneasy. Watch some light-hearted film, a stand-up comedy, or anything else that aligns with your sense of humour. Observe how your body relaxes when you laugh. Make small changes every day. Smile more. Read jokes that make you laugh. Dance in elevators. Take photos of sunrise or sunset every day. Get dressed up for no reason. Learn new fascinating things on daily basis. Pay compliments to people you meet.

Put a rubber band around your wrist and give yourself a pop every time you catch yourself ruminating about the abuser. Acknowledge it, and re-direct your thoughts onto something else. Do the same when you hear the narcissist's voice in your head. Challenge these thoughts whenever they pop up. Ask yourself: "Would I say to my best friend what I am saying to myself?" It will be like a full time job in the beginning, but with time your head will be less busy and your wrist less sore.

Do you suffer from sleeplessness? Do you struggle to fall asleep? Do you wake up in the middle of the night? What does your evening routine look like? What can you do to improve it?

Try establishing a well-organised bedtime routine. Before you go to bed, write down all your worries and fears you are experiencing. Your brain wants to get rid of the burden, and if you allow it, you will not be overwhelmed by negative thoughts at night. Just like in the saying: "If you want to teach your dog not to poop on the grass, teach it to poop somewhere else." Your brain needs time go through difficult issues, and if you persistently avoid facing the "poop" during the day, it starts to stink at night.

If you can, go to bed at the same time every night. Avoid having large meals before bed and refrain from using the mobile or watching TV. Blue light disrupts production of melatonin- the sleep hormone. Keep your bedroom ordered and well aired.

When have learnt what manipulation is? How do you understand it? Can you name some tactics the abuser used in order to play with your psyche? Why did they work at that time?

Make a list of red flags you missed with the narcissist; red flags you either did not know about, or you refused to notice. Remember what to be careful about so that you will never make the same mistakes again.

Watch a film or series where the main character is a narcissist. Note down all red flags and typical narcissistic behaviours you can notice. You can do it from time to time until you learn to see suspicious tendencies the moment you meet a person. Mastering red flag recognition will save you from being hurt again.

What is coercive control? What aspects of your life were under the abuser's control? Was he manipulative or open about it? What normal healthy activities were you not allowed to do? How did he react when you displayed autonomy? Do you still think he controlled you because he cared?

Make a list of your losses. What did you have to sacrifice in order to be with the narcissist and in order to break free? Take into account your health, finances, career opportunities, interpersonal relations, and your relationship with yourself. Can you get back what the narcissist has taken away? How?

Make a list of your insecurities from before the relationship and the insecurities you have now. How do these lists differ? How did the narcissist approach your insecurities throughout the relationships? Did he support your attempts to get better, or did he use your wounds to humiliate and punish you?

Now, make a list of the narcissist's insecurities. How many of them did he project onto you? How many of your current insecurities are not actually yours, but were "transplanted" by the narcissist?

Look at yourself without judgement or condemnation. Do it from a perspective of an observant student. Analyse your tendencies and past behaviours to decide which areas need adjustment. Awareness is the key. Your deficiencies may not be obvious to you, but they are obvious to predators that are only waiting to prey on your vulnerabilities. Watching past abuse with curiosity rather than shame allows you to draw conclusions from what has happened. Revise the list of your insecurities. Which of them can be turned into advantages if you work on yourself?

How do you understand gaslighting? What makes it so insidious and dangerous? Did the abuser gaslight you? Did he make you doubt your own judgement and intellect? Did he make himself the CEO of your life?

Did you gaslight yourself as well? Did you try to convince yourself he was not that bad? Did you lie to yourself that your love can change him? Did you hope you can outlove his difficult past or complicated character? If so, you need to ungaslight yourself, stay grounded in reality day by day, and build back the trust in your own abilities.

How would you describe communication between you two? What was the hardest aspect of it? Did you struggle to make the narcissist understand your point of view? Did it feel like he either did not hear you at all or heard what he wanted to hear?

How do you understand isolation? Were you isolated from your family and friends? Did you isolate yourself out of fear or shame? Is there a chance to rebuild friendships and family ties?

What is loneliness for you? Have you ever felt more lonely than while being around the narcissist? Has he ever given you silent treatment or refused to acknowledge your existence? How did it make you feel? How did you react? What mistakes did you make? Did you chase him?

Pay attention to what, how and how much you eat. The relationship to food often reflects one's emotional state. Survivors of abuse may use food as a way to distract themselves, numb their emotions, or provide comfort. Eating can feel like a form of self-care and a way to forget about how painful their life has become. If you find yourself eating compulsively, try to determine what emotions you are trying to avoid. Is it sadness, anger, boredom, emptiness? Are you using food to replace the comfort of being hugged? Do you dissociate and reach for nibbles without realising it? By asking yourself these questions and listening to your subconscious for answers, you can identify where you may have lost the ability to self-regulate your emotions.

If you want to lose some weight you need to know that no diet is going to work if you do not work with your subconscious first. Try to hack your own brain. Every time you feel the need to have a snack, every time you hear the voice inside your head convincing you to grab some junk food talk to yourself: "Maybe I feel like eating crisps, maybe not. We will see." The point is not to deny the cravings. Do not wrestle with yourself. The more attention you give to thoughts like: "I shouldn't be eating this", the more intrusive they become. You will get better results if you play with your own cravings. "OK, I will eat that snack in a moment." Tell your subconscious it will get what it wants, and in the meantime drink a glass of water or eat some fruit.

You may feel very lonely throughout your healing journey. You may feel like nobody else understands what you have been through. I guarantee you, there are more survivors than you think. Find "safe people" who can help you get the sense of belonging. It could be a local support group, a prayer group or an online forum. You are welcome to join my community on social media.

There are plenty of healthy people out there who will not punish you for not being perfect; people who will believe you when you say something; people who will be curious to get to know you. There are healthy people who can admit to their own mistakes and do not blame others; people who know how to talk about problems; people who communicate what they want and do not expect you to guess what they mean. There are people who will never manipulate you, who will never pretend they misunderstand you. There are people who will be genuinely interested in your opinion and will never tell you what to think.

Sharing the details of your traumatic experience with a therapist or a trusted fellow-survivor can be helpful. When you verbalise your feelings, you bring them from the subconscious to the conscious mind, which allows you to have more control over them as new neural pathways are created. Hearing your own words helps you to gain a broader perspective on the events and distance yourself from what happened. Remember, abuse grows stronger in the dark. Once you shed light on it, it starts to lose its power.

Make a list of situations when your feelings were ridiculed, belittled and mocked. Did you realise it back then this was emotional abuse? Why do you think the narcissist used to do it?

Make a list of situations when you felt ashamed or embarrassed by the narcissist's behaviour in public. Did he care about your or anyone else's feelings? Did he expect you to be on his side despite his foolish behaviour? Did he expect you to clean up the mess he had made?

Describe the moments when you knew you wanted to leave the abuser. How did he stop you? How many times did you try to leave the narcissist before you finally succeeded? What happened that made you leave him for good?

Has the abuser ever threatened to harm you, your loved ones, or himself if you were to leave him? How can someone terrify you and claim to love you at the same time? Do you still think the abuser has ever loved you at all?

Make a list of situations when your life was in danger, or when you felt unsafe around the narcissist. This list is very important. I want you to keep it at hand until you have healed. Every time you feel like you want to go back to the abuser, read it and think if this is the kind of life you want for yourself. If you ever come back to him, he will start abusing you again, but this time his starting point will be where he left off with you before you ran away. If his last offence was slapping your face, this is exactly what he will do after a few days of honeymoon period. Whatever he has already done to you, he will think you are OK with since you are ready to take him back without him going to therapy or bringing any long-lasting changes. Going back to the abuser equals slow and painful spiritual, emotional, and sometimes also physical death. Please, be mindful.

How do you understand future faking? What fake promises did the narcissist make to keep you from leaving? Did he fulfill any of them? If yes, was he honestly caring, or did he do things for you only to have leverage in the future?

How do you understand bread crumbing? Were you called crazy or needy for expecting normal behaviour from someone who supposedly loved you? Did you get enough affection, care, understanding and intimacy?

How do you understand hope? Is hope always positive? Did false hope keep you stuck with the abuser for much longer than it was necessary? What were your hopes towards the narcissist? Have you ever thought your love and kindness can change him?

Healing requires sacrifice and patience. If you want to reclaim yourself, you need to sacrifice the fantasy that you are able to have a healthy relationship with the narcissist. If you want to heal, you need to give up any hope the abuser can and is willing to change. Most narcissists do not know they are disordered, and those who are aware are proud of who they are. Narcissism allows them to get what they want without feeling any remorse. To make things worse, even if the abuser wanted to change, there is no successful treatment for people devoid of empathy. Emotional empathy cannot be acquired, taught or transplanted. Several years of therapy might help the narcissist to learn to control his attention seeking and grandiose behaviours, but he will never be able to care about anyone else but himself.

Your brain is fixated on finding explanations for what has happened to you. Without rational answers, it generates negative assumptions and worst-case scenarios. These obsessive thoughts are detrimental to your health, and if they are not contained in time, your brain eliminates them together with negative memories. It is a natural survival mechanism. Your brain's job is to keep you sane. Anything that threatens your sanity gets repressed and you lose the access to some memories. In return, your brain tends to search for a positive interpretation of negative events.

When you feel safe enough, your brain misinterprets reality and convinces you the abuser was not that bad. As you may already know, this is one of the most crucial and the most difficult moments in the whole process of healing. The moment your own brain sabotages you and pushes you back to the abuser, go through the notes and remind yourself what kind of reality you used to live in. Do you want go to back to what you experienced before? Do you want to lose yourself once again?

Why do you think toxic people do not change? Have you ever asked the narcissist to change? What was his reaction? What would he need to do, and who would he need to become in order to win you back?

I am sure you know it by now that he can pretend to be whoever he thinks you want him to be for some time. But, every game ends at some point, and the mask slips. Do not believe any mask he puts on to get you back. Not today, not tomorrow, and not in ten years' time. Narcissists do not change. They only change masks.

Make a list of the abuser's fattest lies. How did you find out he was lying? Did you struggle to accept the truth? Did you confront the abuser? How did he react?

What lies did he repeat about you until you believed him? What did he say to methodically dismantle your self-confidence?

Compare the version of the narcissist he gave you in the beginning to who he was in the end. Make a list of his traits and behaviours in both stages. Which version do you believe is closer to who he really is? Which of his traits made you fall in love with him? Did you notice toxic people can switch their "kindness" on and off according to what they are trying to achieve? Is that love or manipulation? How much of what you loved in the narcissist was present in your daily life? Was he consistent in how he treated you?

What is your attitude to crying? Do you perceive it as a weakness or as a way to release unwanted emotions? What triggers you to cry these days? Is it listening to "your songs", watching photos, reading messages?

When you feel the need and when you can safely do it, take your time and cry out. Cry and shout until you feel relieved. Do not put any restraints on your sorrow at these moments. The more you try to control negative emotions, the more they will build up and come out when you do not expect it.

If you feel you are going to cry, but you are not in a safe place to do so, use one trick to decrease the dysregulation. Image there is a knob on your belly that decides how strong your emotions are. Twist it, and change the setting to decrease the intensity of emotions from maximum to minimum.

Unleash your creativity. Draw the abuser. Who do you imagine him to be? A monster? A spoilt brat? A demon? An alien? A broken soul?

How do you understand emotional and cognitive empathy? Was the abuser capable of feeling emotional empathy to anyone but himself? Note down several instances when he showed no empathy whatsoever. Is it possible to feel safe around someone who is not able to understand what you feel?

How do you understand respect? How is respect manifested? Make a list of situations when you felt disrespected by the narcissist. Did it happen in public or in private? Can you see any patterns?

What does love mean to you? How do you want to be loved, and how do you know you are loved? Compare your notes with what your life looked like with the abuser. Do you think he has ever loved you? Does someone like him deserve to be loved?

What is your relationship with yourself? Are you your own best friend, or the worst enemy? What can you do to improve your relationship with yourself? Do you struggle to trust your intuition and your judgement. If this is the case, I want you to understand it has never been your fault you met the abuser. You did not know there are empty individuals in this world that look like people, but have nothing in common with humanity. Nothing of what the abuser did to you was your fault either. His behaviour is the product of his personality disorder, and not your actions.

Make a list of your values. How many of them did you give up on to make things work with the narcissist? Did he appreciate it? Then, make a list of the narcissist's values. How does what is important for him correspond to what is important for you? Can you see that you two do not have much in common?

Write a letter to your past self who was dating the narcissist. What advice would you give to the old you, taking into consideration everything the new you knows and has been through? Be compassionate. Acknowledge the fact that you had only some limited knowledge back then, and you did not know what you did not know. Notice how much you have learnt since then.

How did the narcissist behave on special occasions? Remember several extreme situations and note them down. Why do you think he did what he did? Next time when you miss him on some special day (and you will), remind yourself of all the occasions he ruined in the past. The past is where he and his drama belong. Do not make him your future ever again.

What is a smear campaign? Has the abuser ever done it to you? Have you ever been perceived as the abuser because of the narcissist's lies?

No matter what people say, you need to be yourself. Those who believed the narcissist's stories do not deserve to be in your life. Let them go.

How do you understand the term "flying monkeys"? Have any of your friends of family members been manipulated to take the abuser's side? Going no contact means cutting off both: the narcissist and all his enablers, even if they are your family members. Some bridges must be burnt for your own good. Assess who deserves to be a part of your life. You have the right to protect yourself. People who enable the narcissist get a completely different version of him. They either do not know what he did to you, or do not care as long as he does not do the same to them.

Make a list of situations when the narcissist blamed you for something you did not do. How did you feel with his baseless accusations? Were any of them projections of what he was doing to you behind your back?

Make a list of situations when you apologized to the narcissist for something that was not your fault, or something that was actually his doing. Why did you do that? What effect did it have on your psyche?

What are the components of an honest apology? Did the narcissist apologise to you? How did he do it and in what circumstances? Did he mean anything he said?

What is hoovering? You know it by now that sooner or later the abuser will try to find a way to sneak back into your life, and drain you from the energy you have just regained. What methods may he use to make you come back to him? What lies can he say to make you feel sorry for him? Think about possible scenarios before he comes back, so that you will not be taken by surprise and compelled to acknowledge his existence. No matter what happens to him, he is not your responsibility.

You cannot control what he does. You cannot stop him from chasing you. What you can control is how you react, and whether or not you give him any fuel. As long as he knows there is no supply waiting for him, he will have to find it elsewhere.

How did the narcissist react to your successes? Did he celebrate with you? Did he condition you to play down your achievements by minimizing your successes, accusing you of boasting around, or claiming you would not be where you were if it had not been for him?

Can you celebrate your own successes, or does the narcissist's sadistic voice still speak in your head? You can shut down the hyperactive inner critic by being fair and compassionate to yourself. Reward yourself not only for accomplishments, but for the very fact you keep trying to be better.

Imagine you were planning to clean the whole flat, but you ran out of energy after having cleaned the kitchen. Your inner critic uses this opportunity to wear you down: "Look how horrible you are. You can't even clean the flat properly. It took you forever to deal with the kitchen alone. The rest of the flat still looks like a pig sty. You're never going to do it." Instead of beating yourself up for hours, show the critic some evidence: "Thanks for the thought mate. Don't be so impatient, though. I will take one room at a time." And tell to yourself: "Good job girl. The kitchen looks fantastic. Tomorrow I will clean another room." Each time you give yourself credit for achieving something small, your brain pumps up dopamine and makes you more motivated next time.

Make a list of your traits and possessions the narcissist envied you and tried to take away from you. Did he envy your authenticity, self-esteem, openness? Did he envy your ability to make friends easily, to enjoy small things? Did he envy your education, salary or status? What conclusions can you draw from it?

Make a list of situations when the narcissist set you up for a failure. What methods did he use? What was his purpose? How did it make you feel? Can someone who loves you sabotage your decisions and celebrate your failures?

Make a list of favours the narcissist did for you. Did he hold them against you later on? Did he create difficulties on purpose so that you would have to ask him for help? If yes, why do you think he manipulated you in such an evil way? A person who does something for you out of the kindness of their heart would never mention the favour or want something in return.

How do you understand boundaries? Why do you think setting boundaries with toxic people does not work? Make a list of boundaries the narcissist crossed or made you cross. How does it feel when you break your own promises and betray your own values? What did he do to make you allow him walk all over you? What skills do you need to work on, and what false beliefs about yourself do you need to get rid of to keep stronger boundaries in the future? Remember that boundaries are for you, not for others. Boundaries specify how you want to be treated, and determine when it is time to leave. Working on strong boundaries will allow you write off toxic people much quicker.

From now on, say what you mean and mean what you say. Let your "no" mean "no" and remain as such. "No" protects you from abusers. Give yourself the right to say what you want to say in a polite manner, and give other people the right cut ties with you if they cannot accept your honesty. Not everyone needs to like you. Do not allow other people to control your tongue ever again. Once you start healing and understand your value, you will see how different people drop out of your life. Do not worry. Those who are worth being around will not leave you.

Go through what you have written about the narcissist so far. Do you still believe he is someone who deserves your love? Does he deserve to be missed and thought about? Does he deserve to hold space in your mind and heart?

Do you wish you were given proper closure? This is another thing the abuser cannot and will not give you. He wants this door to remain open, so that he can come back any time he wants and finish what he has started. Just like you were left with problems all alone when you were with him, you are now left with the problem of having no answers. If you want to move on, you need to give yourself what you need.

Write to yourself what you would like the abuser to tell you to ease your pain and allow you to go through the breakup in a less painful way. Then, underline any sentences that you are sure he would never say, emotions he would never convey, and things he would never apologise for. Can you see that even if you had the "last conversation" it would not be what you need?

The second task concerning closure is to write a good bye letter to the abuser. Say whatever you wanted to say, but were too scared to do it. Do not send it. Tear it down, or burn it ceremonially. Let it be your good bye.

Learn to increase your distress tolerance. Accept the fact there are issues in life that cannot get resolved. There are situations when the best thing you can do it to let go. Always remember, even if nothing depends on you on the outside, everything depends on you on the inside. You decide how far someone or something is allowed to get under your skin. No one is obligated to do anything for you, and vice versa. Only you owe everything to yourself, and you owe everything only to yourself. Stop expecting so much from people. Stop getting disappointed with their reactions. Accept people as who they are, and not as whom you expect them to be. Some of them are assholes. They have the right to be who they are, and you have the right to stay away from them. Cut off those whose behaviour and attitude you cannot tolerate. This is a sign of self-love. You no longer gaslight yourself, you are the light.

With the increasing ability to tolerate certain things, there will be fewer situations that trigger you and bring back bad memories.

Do you tend to catastrophize? Do you always assume the worst case scenario, and get worried before something actually happens? Catastrophizing is a common cognitive distortion where negative assumptions and emotions are blown out of proportion to an overwhelming degree. When you catastrophize, you imagine the worst possible outcome, without realising you invite anxiety and depression to your life. By repeatedly telling your brain that something terrible is going to happen, you force it respond by reducing serotonin levels in order to prepare you for the perceived danger. Catastrophizing makes you feel hopeless and prevents you from taking actions to improve your current situation.

Does the peace you wanted so much feel overwhelming at times? Does it feel too boring or too quiet? Do you miss the chaos at times? You feel this way because you have forgotten what it is like to have a peace of mind. Do not worry; your brain will remember it soon. In the meantime, be very careful what thoughts and what news you expose your fragile mind to. Choose intentionally where you want to put your attention. Do not let the media decide what you are thinking about. The fact bad news sell the best only shows how many people make the mistake of worrying over things they can do nothing about. Do not be one of them. Why should you give anyone the power over your adrenal glands? Stop reading the news for some time if the amount of evil in the world bothers you. Read books instead. Explore different cultures, habits; explore history or anything that is of your interest. Be more intentional about what you stimulate your brain with. Allow yourself to feel boredom. After the amount of chaos and drama you have experiences, feeling some boredom can be therapeutic. Choose a day when you are on your own and try to do nothing at all. Dive into the feeling of nothingness even if it feels awkward.

Think about your childhood. Was there anything in the way you were brought up that made you susceptible to the narcissist's initial charm? Do you have any traumas that still need to be dealt with? What are your core wounds, unmet needs, and false beliefs that allowed the narcissist to take control over your mental and emotional state?

The only way to stop narcissistic abuse is by healing your own internal traumas. Once you heal you change your vibrations from fear and self-doubt to love. Narcissists are made of fear, and they can only operate on the frequency-fear. The vibrations of love, truth and honesty are not only unobtainable, but also frightening for them. If you do not heal from the trauma you are going to be attracted to men who whom you will replay the same scenarios again and again. Unless you heal you will pick men who fuel the troubled part of your psyche.

Are you a people pleaser? Do you tend to do a lot for others, even when they fail to reciprocate? Has anyone ever told you that you deserve so much more? Do you feel it is your responsibility to make other people happy? Are you afraid of being rejected if you set firm boundaries? Do you feel remorseful when you refuse to give someone a favour? Do you say "yes" when you mean "no"? Have you ever wondered what the cost of being a people pleaser is? Do you realise it takes away your authenticity?

Cut down on caffeine. It has been proven that caffeine contributes to anxiety and depression disorders. It reduces adenosine (a relaxation chemical in your brain), and increases adrenaline, which makes you more alert, but also more irritable, anxious, and agitated. Although you can develop a tolerance to the alerting effects of caffeine, you cannot develop a tolerance to its anxiety-inducing effects. To test if caffeine is impacting your sleep quality and anxiety levels, try avoiding coffee or energy drinks for at least three days. This change is not harmful and may provide valuable insights.

Instead of starting the day with a cup of coffee and scrolling internet, start it with a glass of water and prayer, music or meditation. Start your day from grounding exercises to turn on the parasympathetic calming response. Decide what tone you want the day to have. Focus on the areas that depend on your actions, rather than those which are out of your control.

How do you understand happiness? What makes you happy? Understandably, you may struggle to answer this question, as perhaps nothing seems to make you happy right now. If this is the case, try to remember what used to make you happy before you met the narcissist. Are you able to do now what you used to do in the past that brought you joy? From now on, I would like you to think of one small thing you can do for yourself every day to make today better than yesterday. It can be something as small as taking a bath, going for a walk, talking to a neighbour. You need to consciously allow yourself to be happy and believe you deserve it. Irrespective of how dark your past was, you deserve a bright future.

Take one bad habit of yours at a time and cut it in a half. After a few weeks cut it in a half again. For example, if you smoke a pack of cigarettes a day, start by cutting down to half a pack, and then reduce it further after a few weeks.

Learning to discipline yourself facilitates creating new neuro-pathways in your brain and gives you a sense of achievement. This approach not only benefits your mental state, but also your physical health. Overcoming bad habits makes it easier to win with ruminating thoughts.

Think about your life energy. What was happening to it when you were with the narcissist? Were you worn out or sick for days after major arguments? How would you evaluate your energy now? Do you lack energy to do the fun stuff you are passionate about? Does surviving through the day feel like pushing a huge boulder up the hill and never having enough power to finish the task? Are you exhausted from the very moment you wake up? I can assure you; the longer you stay no contact the better you are going to feel.

Less in more. Think what you could cut down on in order to have more free time and more energy. Limit the time you spend on your mobile, and do some creative things instead. You will be surprised how much time you waste scrolling social media. Do not get involved in other people's drama.

What has been the best aspect of your recovery journey so far? What piece of advice would you give to someone who has just escaped from the abuser?.

Do you sabotage yourself? Do you doubt your own abilities? Do you tend to shame yourself? Do you realise that by doing so you lower your own vibration? The words you use affect how you feel. Human subconscious is very sensitive to how you talk to yourself.

Stop denying your own gifts and strengths. You were dimming your light long enough as the abuser felt threatened by your positive traits. It is time to remind yourself of who you are what you are capable of.

What are you scared of? Does it happen that fear paralyses you? Next time when you experience overpowering fear, instead of running away from it, face it. Try to break it down by engaging with it. Visualise a conversation with your fear and ask what it is truly afraid of, what the worst possible outcome might be, and how you can diminish its impact. Encourage the fear to provide potential solutions. Like an unpaid tax, fear can grow larger over time if left unchecked. Remember, no fear lasts forever. Tell yourself: "OK, I feel fear now. But it will soon pass.".

Practice cognitive diffusions- seeing your thoughts as experiences. For a minute or so write down all the thoughts that come to your mind. For example: "I'm scared of the future." Then take one of them and put: "I'm having the thought that..." in front of it. The result you get is: "I'm having the thought that I'm scared of the future." Let it sink in. Can you notice the difference in emotional load? Now add another beginning: "I notice that I'm having the thought that..." You are going to get: "I notice that I'm having the thought that I'm sacred of the future." Have a look at it again. Can you see the sense of separation and distance between you and the thought? Now when you know how, observe the thoughts that you are having and notice yourself noticing the thoughts.

Is the abuser still present in your thoughts and dreams? Do you keep fantasising about him? Despite knowing how much harm the abuser has done to you, you may still miss him. This is because the abuser has paradoxically become a representation of love, connection and validation. Even though the conscious part of the brain knows that he is not a good person to be around, your subconscious sees him the way he has always wanted to be seen. He managed to enter your brain and stay there by using your past attachment injuries and traumas to create a fantasy of being a saviour who provides love and acceptance. It is your job now to remove the parasite that is eating you up from the inside. Why should you stop romanticising the abuser and seeing him as someone he pretended to be in the beginning? Your brain does not differentiate between real and imagined feelings. Whenever you idealise someone, your brain takes it for real. Mind that every time will and imagination compete, it is imagination that wins.

What makes it so hard to explain narcissistic abuse to others? Why do you think people tend to underestimate the scope and severity of destruction abusers bring about their "insignificant ones"?

The harsh truth is that people who have never experienced narcissistic abuse can never fully understand what you have been through. Even your family members and friends may struggle to sympathise with you, especially if they warned you before not to stay with the abuser. Those who do not understand the nature of trauma bond may not be willing to listen to what the abuser has done, and they may judge you critically when you say you still miss him. They may feel awkward around you if the only thing you want to talk about is your pain. Try to have some compassion for yourself and for them too. They witnessed you gradually losing your mind and falling apart. They were there by your side when you refused to take their arguments into consideration. For them, to hear you still love him may sound like blasphemy against your own wellbeing.

You can doodle your way out of anxiety. Anxiety is created by our perception of danger which in fact may not exist. You are in a safe surrounding, yet your brain gives you flashback of memories from times you felt in danger. One way to outsmart your brain is to bring out the perception of safety. Take a few minutes to draw a place where you feel loved, cared for and protected. By drawing you access the visual cortex of your brain. This is the part where the brain stores and processes memories. Visualise what you see when you are in a safe place. When you have finished, take a moment to dive into the peace you are feeling now.

Colouring books are another brilliant way to deal with anxiety. They help you to reduce stress, improve focus and achieve almost meditative state. This one is my personal favourite: rb.gy/n0q4q.

Observe how you breathe. Has the way you breathe changed due to chronic stress? You may catch yourself breathing in a shallow manner, breathing with your shoulders, or holding your breath unintentionally.

Practice mindful breathing. Sit in a comfortable position and notice that you are breathing. Usually we do not pay attention to how we breathe until we suffer from respiratory diseases. In mindful breathing, the goal is to breathe consciously and with full awareness. Notice how your muscles move and how your chest expands with every breath. Feel how blood circulates in your veins. Imagine what happens when air gets to your lungs. Pay attention to every breath you take and do not let your attention be shifted elsewhere. Be curious what it feels like to breathe.

Another helpful breathing exercise is square breathing. Imagine breathing along the sides of a square shape. Start at the top left hand corner by inhaling for four seconds, then hold that breath for four seconds as you move to the top right hand corner. Exhale for four seconds while moving to the bottom right hand corner, then hold the air out for four seconds while moving to the bottom left corner. Repeat this exercise four times. Square breathing helps to reduce stress and maintain emotional stability.

Think of your dream man and develop this idea every time the narcissist appears in your thoughts. Ask yourself whether you want to stay in the pain of the toxic relationship or move in the direction of the relationship you have always desired.

Prepare fours lists of qualities concerning your future partner, five traits each:

1. Traits he must have
2. Traits he can't have
3. Traits I wish he had
4. Traits I can accept

Take into consideration what you have been through and what you have learnt from your previous relationships. The only way not to get played again is to know what you want, know what you do not want, and stick to it when you meet someone new. Do not be scared to write people off the moment you notice some major red flags. Always remember- hurt people hurt people. Never should you take on another man-project ever again.

Create a narcissists-free pledge and sign it. You can use the prompts below. Read the list every time you feel like reaching out to the abuser.

1. I will treat myself and others with respect and dignity, and demand the same treatment in return.
2. I will set clear boundaries and say "no" when someone is going too far.
3. I will not tolerate any form of abuse, and if such happens I will seek help and remove the abuser from my life.
4. I will put my opinions and wishes first, not in an arrogant but assertive way.
5. I will continue developing my self-awareness.
6. I will care about my wellbeing.
7. I will stop giving too many second chances. If someone lets me down once I will have a closer look at that relation.
8. I will appreciate every moment of my life.
9. I will be realistic about life. I will be prepared to solve problems and perceive them as lessons to learn.
10. I will be positive but no gullible.
11. I always follow the rule that it is better to be single than to be in a toxic relationship.
12. I will always listen to my intuition, especially at times when I feel lost, or when I experience cognitive dissonance.
13. I will only enter healthy reciprocal relationships based on mutual love, care and trust.
14. I will never beg and plead to be loved, to be understood, to be heard and cared about. Those who truly care about me will never make me go down own my knees to get affection.
15. I will never allow anyone to abuse me in any way.

Summary

Congratulations on completing the "90 Days of Self-Love: No Contact Challenge for Women"! You have taken a big step towards prioritizing your own well-being and creating a life filled with love and positivity. It takes courage and dedication to embark on a journey to self-discovery and healing, and you should be proud of yourself for committing to this challenge.

During the past 90 days, you have likely faced many challenges and obstacles. But by staying committed and persevering through the difficult times, you have emerged stronger, more resilient, and more confident in yourself and your abilities.

Now that you have completed the challenge, it is important to continue building on the progress you have made. Keep practicing the self-care routines and habits you have developed, and continue to prioritise your own well-being above all else. Remember that self-love is an ongoing journey, and there will be ups and downs along the way.

Take a moment to celebrate your accomplishments and reflect on how far you have come. You have taken a big step towards creating the life you want, and that is something to be proud of. So take a deep breath, pat yourself on the back, and keep moving forward with confidence and self-love.

Where can you find me?

As an author and a narcissistic abuse recovery specialist, I am dedicated to sharing my knowledge and experiences to help others heal from the damaging effects of toxic relationships. I invite you to follow me on my social media (Facebook, Tik Tok and Instagram- Anna Haverhord) to stay updated on my latest publications, articles, insights, and tips for healing from narcissistic abuse. Joining me on social media allows you to connect with other survivors, share your own story, and gain support from a like-minded community. Together, we can break the cycle of narcissistic abuse and empower survivors to reclaim their lives.

If you want to learn more about narcissism, healing from narcissistic abuse, CPTSD and parenting with a toxic person; check out my other publications. You can find them on Amazon, Barnes & Nobles, Lulu and Apple Books.

To find out more about how we can work together, or if you are willing to share your story or offer suggestions for further publications, email me at: annahaverford@gmail.com. It is always good to talk to a fellow survivor. Thank you for your support and I look forward to connecting with you soon.

Don't miss out!

Visit the website below and you can sign up to receive emails whenever Anna Haverford publishes a new book. There's no charge and no obligation.

https://books2read.com/r/B-A-WMCY-QCIIC

BOOKS 2 READ

Connecting independent readers to independent writers.